Rajesh Bose
Satadru Sengupta
Sandip Roy

Interpretar os SLA e a nomenclatura conexa em termos de computação em nuvem

Rajesh Bose
Satadru Sengupta
Sandip Roy

Interpretar os SLA e a nomenclatura conexa em termos de computação em nuvem

Uma abordagem estratificada para compreender os acordos de nível de serviço no contexto da computação em nuvem

ScienciaScripts

Imprint

Any brand names and product names mentioned in this book are subject to trademark, brand or patent protection and are trademarks or registered trademarks of their respective holders. The use of brand names, product names, common names, trade names, product descriptions etc. even without a particular marking in this work is in no way to be construed to mean that such names may be regarded as unrestricted in respect of trademark and brand protection legislation and could thus be used by anyone.

Cover image: www.ingimage.com

This book is a translation from the original published under ISBN 978-620-2-19960-5.

Publisher:
Sciencia Scripts
is a trademark of
Dodo Books Indian Ocean Ltd. and OmniScriptum S.R.L publishing group

120 High Road, East Finchley, London, N2 9ED, United Kingdom
Str. Armeneasca 28/1, office 1, Chisinau MD-2012, Republic of Moldova, Europe
Printed at: see last page
ISBN: 978-620-8-06722-9

Copyright © Rajesh Bose, Satadru Sengupta, Sandip Roy
Copyright © 2024 Dodo Books Indian Ocean Ltd. and OmniScriptum S.R.L publishing group

Índice

Sobre os autores

Rajesh Bose é um profissional de TI que trabalha como Gestor Adjunto na Simplex Infrastructures Limited, Data Center, Calcutá. Licenciou-se em Ciências e Engenharia Informática na Biju Patnaik University of Technology (BPUT), Rourkela, Orissa, Índia, em 2004. Em seguida, concluiu o seu mestrado em tecnologia. Em comunicação móvel e redes da Universidade de Tecnologia Maulana Abul Kalam Azad, Bengala Ocidental (anteriormente conhecida como Universidade de Tecnologia de Bengala Ocidental) - WBUT, Índia, em 2007. Possui também várias certificações globais. Estas são CCNA, CCNP-BCRAN e CCA (Citrix

Certified Administrator for Citrix Access Gateway 9 Enterprise Edition), CCA (Citrix Certified Administrator for Citrix Xen App 5 for Windows Server 2008). O Sr. Bose apresentou a sua tese de doutoramento em computação em nuvem na Universidade de Kalyani. Os seus interesses de investigação incluem a computação em nuvem, IoT, comunicação sem fios e redes. Publicou mais de 42 artigos e 3 livros em diferentes revistas e conferências. O Sr. Bose também tem experiência de ensino a nível universitário durante vários anos antes de se tornar um profissional de TI a tempo inteiro numa empresa de construção proeminente na Índia, onde tem administrado plataformas e sistemas virtuais no centro de dados da empresa.

Satadru Sengupta é uma espécie de anómalo no domínio da computação e da tecnologia em geral, e particularmente no que diz respeito à computação em nuvem, IoT e tecnologias de sensores sem fios. O seu forte é a sua capacidade única de compreender os aspectos técnicos e de resolver problemas, dada a sua certificação ITIL e a sua atividade como gestor de Help Desk de TI. No entanto, é a sua abordagem metódica na fusão de observações empíricas de experiências de investigação em linguagem simples que faz dele uma adição inestimável e indispensável a quase todas as equipas de investigação, especialmente as relacionadas com o domínio da computação em nuvem. Foi redator de conteúdos durante a maior parte da sua carreira e é membro da equipa de centros de dados da Simplex

Infrastructures Limited, Calcutá. A sua clareza na compreensão das linguagens de programação também o torna uma mais-valia em áreas de investigação que requerem codificação de software. Este livro é um reconhecimento da sua dedicação incansável e sincera para apresentar uma contribuição significativa em textos que envolvem a computação em nuvem, a IoT e as tecnologias inteligentes.

Sandip Roy está atualmente a tirar o doutoramento na Universidade de Kalyani, Kalyani, Índia. É Professor Assistente e Professor-Chefe do Departamento de Informática e Engenharia do Brainware Group of Institutions-SDET, Calcutá, Bengala Ocidental, Índia. Recebeu o grau de M.Tech. em Ciência e Engenharia Informática em 2011 e um B.Tech. em Tecnologias da Informação em 2008 da Universidade de Tecnologia Maulana Abul Kalam Azad, Bengala Ocidental (anteriormente conhecida como Universidade de Tecnologia de Bengala Ocidental). É autor de mais de 20 artigos em jornais e conferências revistos por pares e recebeu o prémio de melhor artigo do ICACEA em 2015. As suas principais áreas de investigação são a computação em nuvem, a Internet das coisas, a nuvem das coisas e as tecnologias inteligentes.

<u>RECONHECIMENTO</u>

O objetivo de um livro desta natureza é disseminar o conhecimento. Acredito firmemente que, sem a boa graça do Todo-Poderoso, não teria sido possível lançar as sementes da fundação do livro em primeiro lugar. Agradeço ao Senhor por me ter concedido o dom de escrever. Mas, acima de tudo, agradeço-lhe por me ter dado a paciência e a perseverança para fazer o que era preciso para dar a este livro o conteúdo, a forma e o formato em que foi apresentado aos leitores a quem o livro se destina.

Tivemos a sorte de interagir com alguns dos profissionais mais conhecedores e experientes do sector das TI durante a compilação deste livro. Provavelmente, a maioria deles forneceu informações interessantes e conhecimentos profundos sobre a forma como a computação em nuvem evoluiu até à fase em que se encontra atualmente.

Os meus co-autores, Satadru Sengupta e Sandip Roy, foram fundamentais para dar forma e substância ao livro. Sem as suas inestimáveis contribuições, grande parte da investigação que foi efectuada para este livro não teria sido possível. Embora sejam especialistas nos seus domínios respectivos, depositaram muita fé e confiança na minha capacidade de desempenhar um papel de liderança na elaboração deste livro.

Sem os meus pais, os meus objectivos e ambições teriam ficado por realizar. A minha mãe, a falecida Jharna Bose, cujo sonho era que eu dedicasse a minha energia a inspirar aqueles que dependem de mim para o seu próprio sustento académico, teria achado adequado ver os frutos do meu trabalho ganharem forma. Após o falecimento da minha mãe, o meu pai, o falecido Sisir Kumar Bose, fez da sua vida a missão de garantir que eu nunca me desviasse do objetivo que me foi proposto. Com as suas bênçãos e palavras amáveis, que guardo com carinho, reuni forças para ultrapassar as sucessivas vagas de provações e tribulações. Foram eles que perceberam o valor da tecnologia anos antes. Valorizo a sua simplicidade e clarividência, que me permitiram alcançar este modesto objetivo.

No entanto, as minhas contribuições pessoais não se teriam concretizado se não fosse a minha família, que me apoiou na minha busca e no meu sonho de escrever o meu primeiro livro. Devo muito à minha mulher, Swati, que se manteve firmemente ao meu lado nas minhas tentativas de elaborar os esboços iniciais e o fluxo dos capítulos. Sem o seu apoio e dedicação inabaláveis, não teria sido possível alargar os meus horizontes e fazer avançar a minha carreira. Este livro é-lhe dedicado.

Ao meu filho, Pablo, ofereço o meu mais profundo amor por me ter feito sorrir durante todo este tempo. Por ter compreendido que o pai precisava de tempo para escrever o livro em vez de brincar com ele quando me encontrava a martelar o teclado de um portátil. Espero que um dia ele perceba porque é que passei inúmeros fins-de-semana e feriados a escrever este livro.

Por último, mas não menos importante, aproveito esta oportunidade para agradecer aos meus amigos e colegas que me apoiaram entusiasticamente em todas as fases da redação deste livro.

<u>RESUMO</u>

A computação em nuvem, o modelo que permite o acesso a pedido a um conjunto de recursos partilhados com um mínimo de interferência do fornecedor, está a emergir como um substituto da infraestrutura comum de TI. À medida que um número crescente de consumidores de serviços em nuvem envia as suas cargas de trabalho para fornecedores de serviços em nuvem, os acordos de nível de serviço em nuvem (SLA) constituem uma componente importante da relação contratual entre um cliente de serviços em nuvem e um fornecedor de serviços em nuvem de um serviço em nuvem. Dada a natureza global da computação em nuvem, os SLA abrangem geralmente muitas jurisdições, com requisitos legais aplicáveis muitas vezes diferentes, nomeadamente no que respeita à proteção dos dados pessoais alojados no serviço de computação em nuvem. Além disso, os diferentes serviços de computação em nuvem e modelos de implantação exigirão diferentes abordagens aos SLA, o que aumenta a complexidade dos SLA. Os SLA contêm uma explicação do serviço acordado, os parâmetros do nível de serviço, as garantias relativas à qualidade do serviço, as disposições e as soluções para todos os casos de infração. Para atrair as empresas a externalizarem os seus serviços para as nuvens, os fornecedores têm de oferecer aos seus clientes objectivos de nível de serviço especificados nos SLA. O conteúdo desses objectivos de nível de serviço é uma razão fundamental para o êxito da utilização da computação em nuvem e consiste em indicadores-chave de desempenho. Devido ao carácter dinâmico e à natureza complexa do ambiente de nuvem, a criação de SLAs para a nuvem pode ser muito difícil. Fornecer uma gestão eficaz do nível de serviço (SLM) é um requisito vital para os actuais fornecedores de serviços na nuvem (CSP). Este livro analisa a importância do SLM e os principais requisitos para fornecer esses serviços de forma eficaz e lucrativa.

Este livro fornece uma referência prática para ajudar os decisores empresariais de tecnologias de informação (TI) e de negócios a analisar os contratos de serviços na nuvem (CSA) de diferentes fornecedores de serviços na nuvem. Os CSAs são escritos principalmente para definir expectativas claras de serviço entre o cliente da nuvem (comprador) e o provedor da nuvem (vendedor), mas também devem existir entre um cliente e outras entidades da nuvem, como a operadora da nuvem, o corretor da nuvem e até mesmo o auditor da nuvem. Este Guia centra-se principalmente nos pormenores da CSA entre o cliente e o fornecedor de serviços de computação em nuvem. O objetivo deste livro é apresentar a forma como os SLAs são criados, geridos e utilizados no ambiente de computação em nuvem.

A QUEM SE DESTINA ESTE LIVRO?

Em todo o mundo, os decisores políticos das empresas e aqueles a quem foi confiada a tarefa de alargar as fronteiras da estrutura de tecnologia da informação das respectivas empresas começaram a adotar a tecnologia de nuvem em grande escala. Numa altura em que era uma tecnologia incipiente, os fornecedores de serviços e os utilizadores finais percorreram o espetro dos níveis de desempenho desejados e alcançados. Na maior parte das vezes, tratava-se de um caso de tentativa e erro.

Com o aumento da concorrência, a maior parte das empresas, se não todas, encontra-se a fazer um ato de equilíbrio no fio da navalha. Por conseguinte, tornou-se essencial que os gestores e os profissionais do centro de dados se concentrem numa solução de nuvem que não só seja barata de operar, mas também flexível. Tanto para o empresário como para o estudante, o tema da gestão do nível de serviço, dos objectivos do nível de serviço e dos níveis de garantias pode ser uma massa de ideias confusa e mal digerida. Este livro foi escrito para complementar e esclarecer muitos desses tópicos relativos aos acordos de nível de serviço de computação em nuvem.

As organizações e as empresas em fase de arranque com um orçamento limitado acharão interessante a secção sobre a faturação de serviços na nuvem. Para os profissionais de segurança e os especialistas em centros de dados, as secções sobre a implementação de normas de segurança e planos de recuperação de desastres constituem, esperamos, o núcleo deste livro.

Aguardamos com expetativa os pontos de vista e as opiniões dos nossos leitores. Os autores escreveram este livro depois de se inspirarem em estudantes, profissionais de TI e naqueles a quem foi confiada a tarefa de traçar o caminho para a migração para a nuvem. Este livro não está, de forma alguma, completo. No entanto, esperamos que ajude os interessados na computação em nuvem a verem o lado bom das coisas, por mais complexas e escuras que sejam as nuvens da computação.

CAPÍTULO I Compreender as métricas dos serviços de computação em nuvem: uma discussão fundamental sobre os acordos de nível de serviço.

1.1. Introdução

Os serviços baseados na nuvem estão a tornar-se cada vez mais comuns. Estes serviços incluem a infraestrutura como serviço (IaaS), a plataforma como serviço (PaaS) e o software como serviço (SaaS). Cada serviço é normalmente acompanhado de um acordo de nível de serviço (SLA) que define as garantias mínimas que um fornecedor oferece aos seus clientes. A falta de normalização nos serviços baseados na nuvem implica uma correspondente falta de clareza nos acordos de nível de serviço oferecidos pelos diferentes fornecedores.

No caso da computação em nuvem, a qualidade e a fiabilidade dos serviços tornam-se um aspeto importante, uma vez que os clientes não têm influência direta sobre os serviços. Por conseguinte, os acordos de nível de serviço são fundamentais para a utilização efectiva da computação em nuvem e, em especial, os clientes empresariais precisam deles para garantir que os riscos e as qualidades do serviço sejam evitados e prestados da forma que pretendem. Para este efeito, as qualidades de serviço esperadas são documentadas e juridicamente vinculativas em contratos entre o fornecedor e o cliente. Devido à variação significativa das necessidades dos consumidores, os SLA têm de ser criados individualmente através de um processo de negociação. Os SLAs confirmados servem de base para o cumprimento e o controlo da QoS. Devido ao carácter dinâmico da nuvem, os atributos de QoS devem ser monitorizados e geridos de forma consistente.

À medida que o modelo de serviço em nuvem acima mencionado amadurece e se torna omnipresente, surge a possibilidade de melhorar a forma como os serviços são fornecidos e geridos, permitindo assim que os fornecedores respondam às (diversas) necessidades dos consumidores. Neste contexto, os acordos de nível de serviço (SLA) surgem como um aspeto fundamental, uma vez que servem de base para o nível de qualidade esperado do serviço entre o consumidor e o fornecedor. No entanto, a diversidade dos SLA propostos pelos fornecedores (com sobreposições marginais) conduziu a múltiplas definições diferentes de SLA na nuvem. Além disso, existem equívocos sobre qual é (se é que existe) a diferença entre SLAs e contrato, qual é a fronteira, quais são os termos incluídos em cada um destes documentos e se e como estão ligados. Apresentamos as seguintes definições de acordo com a ITIL:

Um **acordo de nível de serviço** (SLA) é um documento formal e negociado que define (ou tenta definir) em termos quantitativos (e talvez qualitativos) o serviço que está a ser oferecido a um cliente. Quaisquer métricas incluídas num SLA devem poder ser medidas regularmente e o SLA deve registar por quem.

Um **contrato** é um acordo juridicamente vinculativo entre duas ou mais partes. Os contratos estão sujeitos a interpretações jurídicas específicas.

Um Acordo de Nível de Serviço (SLA) é um acordo formal negociado entre duas partes. É um contrato que existe entre o Fornecedor de Serviços (SP) e o Cliente. Foi concebido para criar um entendimento comum sobre a qualidade do serviço (QoS), prioridades, responsabilidades, etc. Os SLA podem abranger muitos aspectos da relação entre o Cliente e o PS, como o desempenho dos serviços, o atendimento ao cliente, a faturação, o fornecimento de serviços, etc. No entanto, embora um SLA possa abranger esses aspectos, o acordo sobre o nível de serviço é o principal objetivo de um SLA .

Os acordos de nível de serviço desempenham um papel central no ciclo de vida do serviço, uma vez que, ao captarem as expectativas do serviço e as responsabilidades das entidades, orientam tanto as decisões de engenharia ao nível da conceção (durante, por exemplo, a conceção do serviço) como as decisões operacionais (durante, por exemplo, a utilização e a entrega do serviço). Os SLA permitem que as entidades participantes cheguem a acordo sobre os serviços que serão oferecidos, como serão prestados e quem será responsável pela execução, conclusão, potenciais falhas e aspectos de privacidade.

1.2. <u>SLA em computação em nuvem</u>

Um acordo de nível de serviço é um acordo entre duas ou mais partes, em que uma é o cliente e as outras são os prestadores de serviços. Pode ser um "contrato" formal ou informal juridicamente vinculativo (por exemplo, relações internas entre departamentos). Os contratos entre o prestador de serviços e outros terceiros são frequentemente (incorretamente) designados por SLAs - uma vez que o nível de serviço foi definido pelo cliente (principal), não pode haver "acordo" entre terceiros; estes acordos são simplesmente "contratos". No entanto, os acordos a nível operacional ou OLAs podem ser utilizados por grupos internos para apoiar os SLAs.

Os SLA incluem normalmente segmentos que abordam: uma definição de serviços, medição do desempenho, gestão de problemas, deveres do cliente, garantias, recuperação de desastres e cessação do acordo. Para garantir que os SLA são cumpridos de forma consistente, estes acordos são frequentemente concebidos com linhas de demarcação específicas e as partes envolvidas são obrigadas a reunir-se regularmente para criar um fórum aberto de comunicação. A aplicação do contrato (recompensas e penalizações) deve ser feita de forma rígida, mas a maioria dos SLAs também deixa espaço para visitas anuais, de modo a que seja possível fazer alterações com base em novas informações.

Os SLA têm sido utilizados desde finais dos anos 80 pelos operadores de telecomunicações de linha fixa como parte dos seus contratos com as empresas suas clientes. Esta prática difundiu-se de tal forma que, atualmente, é comum um cliente contratar um fornecedor de serviços através da inclusão de um acordo de nível de serviço numa vasta gama de contratos de serviços em praticamente todos os sectores e mercados. Os departamentos internos (como TI, RH e imobiliário) das grandes organizações adoptaram a ideia de utilizar acordos de nível de serviço com os seus clientes "internos" - utilizadores de outros departamentos da mesma organização. Uma das vantagens deste sistema é permitir que a qualidade do serviço seja comparada com a qualidade acordada em vários locais ou entre diferentes unidades de negócio. Este benchmarking interno pode também ser utilizado para testar o mercado e fornecer uma comparação de valores entre um departamento interno e um fornecedor de serviços externo. Os acordos de nível de serviço são, por natureza, baseados em "resultados" - o resultado do serviço, tal como recebido pelo cliente, é o objeto do "acordo". O prestador de serviços (especialista) pode demonstrar o seu valor organizando-se com engenho, capacidade e conhecimento para prestar o serviço requerido, talvez de uma forma inovadora. As organizações também podem especificar a forma como o serviço deve ser prestado, através de uma especificação (uma especificação do nível de serviço) e utilizando "objectivos" subordinados que não os relacionados com o nível de serviço. Este tipo de acordo é conhecido como um SLA de "entrada". Este último tipo de requisito está a tornar-se obsoleto à medida que as organizações se tornam mais exigentes e transferem o risco da metodologia de entrega para o fornecedor de serviços. Os acordos de nível de serviço também são definidos em diferentes níveis:

a)   **SLA baseado no cliente:** Um acordo com um grupo de clientes individuais, abrangendo todos os serviços que utilizam. Por exemplo, um SLA entre um fornecedor (prestador de serviços de TI) e o departamento financeiro de uma grande organização para serviços como o sistema financeiro, o sistema de salários, o sistema de faturação, o sistema de aquisições/compras, etc.

b)   **SLA baseado no serviço**: Um acordo para todos os clientes que utilizam os serviços prestados pelo fornecedor de serviços. Por exemplo:

Uma estação de serviço automóvel oferece um serviço de rotina a todos os clientes e oferece determinada manutenção como parte da oferta com o carregamento universal. Um fornecedor de serviços móveis oferece um serviço de rotina a todos os clientes e oferece determinada manutenção como parte da oferta com o carregamento universal Um sistema de correio eletrónico para toda a organização. É possível que surjam dificuldades neste tipo de SLA, uma vez que o nível dos serviços oferecidos pode variar consoante os clientes (por exemplo, o pessoal da sede pode utilizar ligações LAN de alta velocidade, enquanto os escritórios locais podem ter de utilizar uma linha alugada de menor velocidade).

c) **SLA multinível:** O SLA é dividido em diferentes níveis, cada um dos quais se destina a um conjunto diferente de clientes para os mesmos serviços, no mesmo SLA.

d) **SLA de nível corporativo:** Abrange todas as questões genéricas de gestão de nível de serviço (muitas vezes abreviado como SLM) apropriadas para cada cliente em toda a organização. É provável que estas questões sejam menos voláteis, pelo que as actualizações (revisões do SLA) são necessárias com menos frequência. SLA ao nível do cliente: abrangendo todas as questões de SLM relevantes para o grupo de clientes específico, independentemente dos serviços utilizados. SLA ao nível do serviço: abrangendo todas as questões SLM relevantes para os serviços específicos, em relação a este grupo específico de clientes. O benefício subjacente da computação em nuvem é a partilha de recursos, que é apoiada pela natureza subjacente de um ambiente de infraestrutura partilhada. Assim, os acordos de nível de serviço abrangem toda a computação em nuvem e são oferecidos pelos fornecedores de serviços como um acordo baseado no serviço e não como um acordo baseado no cliente. A medição, o controlo e a comunicação de informações sobre o desempenho da computação em nuvem baseiam-se na experiência do utilizador final ou na sua capacidade de consumir recursos. A desvantagem da computação em nuvem, em relação aos SLAs, é a dificuldade em determinar a causa raiz das interrupções de serviço devido à natureza complexa do ambiente. À medida que as aplicações são transferidas do hardware dedicado para a nuvem, essas aplicações precisam de atingir os mesmos níveis de serviço, ou até mais exigentes, que as instalações clássicas. Os SLAs para serviços de nuvem se concentram nas caraterísticas do centro de dados e, mais recentemente, incluem caraterísticas da rede para suportar SLAs de ponta a ponta. Qualquer estratégia de gestão de SLA considera duas fases bem diferenciadas: a negociação do contrato e a monitorização do seu cumprimento em tempo real. Assim, a gestão de SLAs engloba a definição do contrato de SLA: esquema básico com os parâmetros de QoS (qualidade de serviço); negociação de SLAs; monitorização de SLAs; e aplicação de SLAs - de acordo com as políticas definidas.

A criação de Acordos de Nível de Serviço fornece determinados requisitos aos clientes e fornecedores. Os clientes precisam de ser capazes de cumprir determinados requisitos para definir com êxito os SLA, que são aqui brevemente enumerados. Um cliente deve:

Compreender as funções e responsabilidades que são reguladas pelo SLA.

Ser capaz de descrever de forma precisa e específica o serviço a ser controlado pelo SLA.

Conhecer os requisitos dos serviços controlados e definir os índices correspondentes.

Especificar os níveis de serviço com base nas caraterísticas críticas de desempenho do serviço.

Compreender o processo e os procedimentos do serviço regulamentado.

Estes requisitos são necessários para que o cliente possa introduzir os valores corretos dos SLA e compreender as implicações das suas decisões. Além disso, um SLA deve cumprir as seguintes tarefas:

Descrever os serviços com exatidão.

Especificar pormenorizadamente a qualidade do serviço a prestar.

Descrever pormenorizadamente os principais indicadores de desempenho, as métricas e os níveis de serviço.

Discriminar de forma transparente todos os custos.

• **O período de garantia de serviço** descreve a duração durante a qual uma garantia de serviço deve ser cumprida. O período de tempo pode ser um mês de faturação ou o tempo decorrido desde a apresentação da última reclamação. O período de tempo também pode ser pequeno, por exemplo, uma hora. Quanto mais pequeno for o período de tempo, mais rigorosa é a garantia de serviço.

• **A granularidade da garantia de serviço** descreve a escala de recursos na qual um provedor especifica uma garantia de serviço. Por exemplo, a granularidade pode ser por serviço, por centro de dados, por instância ou por transação. À semelhança do período de tempo, a garantia de serviço pode ser rigorosa se a granularidade da garantia de serviço for fina. A granularidade da garantia do serviço também pode ser calculada como um agregado dos recursos considerados, tais como instâncias ou transacções. Por exemplo, o tempo de atividade agregado de todas as instâncias em execução deve ser superior a 99,95%. No entanto, tal garantia implica que algumas instâncias no cálculo do SLA agregado podem potencialmente ter uma percentagem de tempo de atividade inferior a 99,95%, sem deixarem de cumprir o SLA agregado. Consequentemente, o cálculo do SLA agregado deixa ao fornecedor uma margem de manobra para gerir melhor os seus serviços oferecidos.

• As exclusões **de garantia de serviço** são as instâncias que são excluídas dos cálculos da métrica de garantia de serviço. Estas exclusões incluem normalmente o abuso do sistema por um cliente ou qualquer tempo de inatividade associado à manutenção programada.

• **O crédito de serviço** é o montante creditado ao cliente ou aplicado em pagamentos futuros se a garantia de serviço não for cumprida. O montante pode ser um crédito total ou parcial do pagamento do cliente pelo serviço afetado.

• A medição e a comunicação de **violações do serviço** descrevem como e quem mede e comunica a violação da garantia do serviço, respetivamente.

1.3. <u>Computação em nuvem</u>

Com base na observação da essência do que as Nuvens prometem ser, Buyya et. al. (2009) propõem a seguinte definição: "*Uma Nuvem é um tipo de sistema paralelo e distribuído que consiste numa coleção de computadores interconectados e virtualizados que são dinamicamente provisionados e apresentados como um ou mais recursos de computação unificados com base em acordos de nível de serviço estabelecidos através de negociação entre o fornecedor de serviços e o consumidor*". Por conseguinte, as nuvens enquadram-se bem na definição de computação utilitária.

A figura 1 mostra a conceção em camadas da arquitetura de computação em nuvem. Os recursos físicos da nuvem, juntamente com as principais capacidades de middleware, formam a camada inferior necessária para fornecer IaaS. O middleware ao nível do utilizador tem por objetivo fornecer capacidades PaaS. A camada superior centra-se nos serviços de aplicação (SaaS), utilizando os serviços fornecidos pelos serviços da camada inferior. Os serviços PaaS/SaaS são frequentemente fornecidos por fornecedores de serviços terceiros, que são diferentes dos fornecedores de IaaS.

Aplicações ao nível do utilizador: esta camada inclui as aplicações de software, como as aplicações de computação social e as aplicações empresariais, que serão implantadas por fornecedores de PaaS que alugam recursos a fornecedores de IaaS.

Fio intermédio ao nível do utilizador: Os ambientes e as ferramentas de programação em nuvem estão incluídos nesta camada, facilitando a criação de aplicações e o seu mapeamento para recursos que utilizam os serviços da camada de middleware principal.

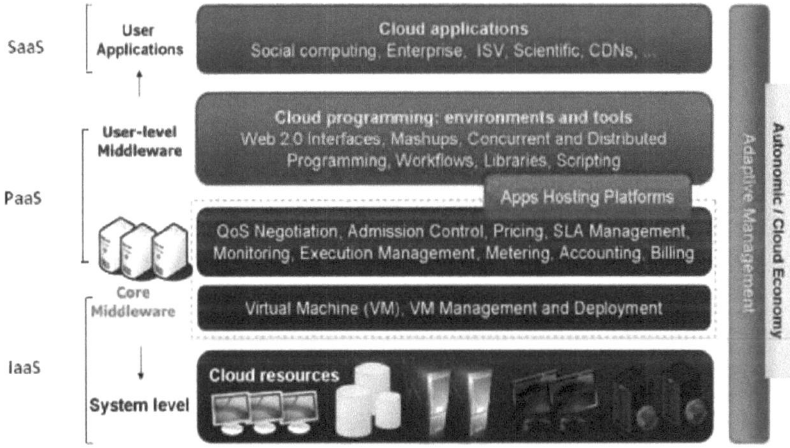

Figura 1: Arquitetura de computação em nuvem em camadas.

Middleware de base: esta camada fornece capacidades de ambiente de tempo de execução para serviços de aplicação construídos utilizando Middleware de nível de utilizador. A gestão dinâmica de SLA, a contabilidade, a monitorização e a faturação são exemplos de serviços de base neste nível. Os exemplos comerciais para este nível são o Google App Engine e o Aneka.

Nível do sistema: os recursos físicos, incluindo máquinas físicas e máquinas virtuais, situam-se neste nível. Estes recursos são geridos de forma transparente por serviços de virtualização de nível superior e conjuntos de ferramentas que permitem a partilha da sua capacidade entre instâncias virtuais de servidores.

Os utilizadores de serviços em nuvem necessitam de SLAs para identificar as exigências de desempenho técnico satisfeitas por um fornecedor de serviços em nuvem. Os SLAs podem incluir condições sobre a superioridade do serviço, a segurança e as soluções para os problemas de funcionamento. Um fornecedor de serviços de computação em nuvem também pode indicar nos SLAs um grupo de garantias que não estão claramente preparadas para os utilizadores, ou seja, restrições e deveres que os utilizadores de serviços de computação em nuvem têm de aprovar. Um utilizador de serviços de computação em nuvem pode selecionar um fornecedor de serviços de computação em nuvem com preços preferenciais e condições mais favoráveis. Normalmente, a estratégia de preços e os SLAs de um fornecedor de serviços de computação em nuvem não podem ser discutidos, exceto se o utilizador pretender um emprego intensivo e puder discutir uma convenção superior.

Em função dos serviços solicitados, as acções e as situações de emprego podem ser diversas para os utilizadores da nuvem.

Os clientes de SaaS podem ser empresas que oferecem aos seus participantes acesso a aplicações de software, clientes finais que exploram imediatamente aplicações de software, ou diretores de aplicações de software que constituem aplicações para os clientes. As despesas de SaaS podem ser pagas de acordo com o número de clientes finais, o tempo de utilização, a largura de banda de rede gasta, a quantidade de informação mantida ou o período de manutenção da informação.

Os clientes de PaaS na nuvem podem explorar os instrumentos e os recursos fornecidos pelos fornecedores de nuvem para desenvolver, examinar, instalar e administrar as aplicações apresentadas num suporte de nuvem. Os clientes da PaaS podem ser designers de aplicações que desenvolvem e realizam software de aplicação. Além disso, podem ser examinadores de aplicações que executam e examinam aplicações em locais baseados na nuvem. Podem ser editores de aplicações que distribuem aplicações através da nuvem, ou podem ser gestores de aplicações que constituem e controlam aplicações. As despesas da PaaS podem ser pagas com base na operação, no espaço da base de dados, nos recursos de rede utilizados pela aplicação PaaS ou no período da convenção da plataforma.

Os clientes de IaaS têm acesso a máquinas de computação virtuais, espaço de armazenamento em rede, elementos de base de rede e outros recursos essenciais nos quais podem instalar e operar software aleatório. Os clientes de IaaS podem ser designers de sistemas ou gestores de sistemas que se preocupam em criar, executar, organizar e controlar serviços para processos de base de TI. Os utilizadores de IaaS têm a capacidade de aceder a estes recursos e são pagos em função da quantidade ou do período de tempo em que os recursos são utilizados, como as horas de CPU consumidas pelas máquinas de computação virtuais, a capacidade, a largura de banda da rede utilizada e a quantidade de endereços IP utilizados em determinados períodos. Os utilizadores da nuvem pretendem um SLA antes de entregarem a sua base de estações de informação na nuvem para terem confiança nos recursos fornecidos e para terem a facilidade de obter o nível de eficiência preferido.

O fornecedor de serviços de computação em nuvem é um indivíduo ou um instituto responsável pela prestação de um serviço acessível aos actores envolvidos. Um fornecedor de serviços de computação em nuvem desenvolve e administra a base de computação necessária para fornecer os serviços, opera o software de computação em nuvem que fornece os serviços e efectua o procedimento para transportar os serviços para os clientes de computação em nuvem através da entrada na rede.

Para o SaaS, o fornecedor da nuvem instala, constitui, preserva e melhora o processo das aplicações de software na base da nuvem para que os serviços sejam fornecidos nos níveis de serviço estimados aos clientes da nuvem. O fornecedor de SaaS assume muitas das tarefas de gestão e monitorização das aplicações e da base, enquanto os utilizadores da nuvem têm uma monitorização parcial da gestão das aplicações.

Para a PaaS, o fornecedor de Nuvem organiza a base de computação para a plataforma e opera o software que fornece os elementos da plataforma como; pilha de implementação de software, bases de dados e outros elementos. Além disso, o fornecedor da Nuvem PaaS normalmente fornece o procedimento de melhoria, organização e administração do utilizador da Nuvem PaaS, fornecendo instrumentos como; ambientes de desenvolvimento integrados (IDEs), forma de melhoria do software da Nuvem, kits de desenvolvimento de software (SDKs), instrumentos de distribuição e organização. O utilizador da Nuvem PaaS tem controlo sobre as aplicações e, provavelmente, sobre algumas das definições dos locais de introdução, mas não tem acesso ou tem acesso restrito à base, como a rede, os servidores, os sistemas operativos (SO) ou o armazenamento.

No caso da IaaS, o fornecedor de serviços de computação em nuvem obtém os recursos tangíveis do serviço, como os servidores, as redes, o armazenamento e a base de alojamento. O fornecedor de serviços de computação em nuvem opera o software necessário para que os recursos informáticos estejam disponíveis para o utilizador de serviços de computação em nuvem IaaS através de um grupo de interfaces de serviço e ideias de recursos informáticos, como computadores virtuais e interfaces de rede virtuais. Os utilizadores da Nuvem IaaS exploram estes recursos, como uma máquina virtual para as suas necessidades essenciais de computação, adequadas aos utilizadores da Nuvem SaaS e PaaS. Um utilizador de serviços de computação em nuvem IaaS tem acesso a formas mais essenciais de recursos de computação e tem mais controlo sobre os elementos de software no interior da aplicação, do sistema operativo e da rede. O fornecedor de serviços de computação em nuvem IaaS tem controlo sobre o hardware e o software tangíveis que tornam provável a prestação destes serviços de base.

A computação em nuvem, que oferece menos custos e recursos ao preço da utilização, está rapidamente a ganhar atividade como substituto do trabalho de base de TI convencional. À medida que os utilizadores começam a explorar a computação em nuvem, a superioridade e a consistência dos serviços passam a ser partes significativas. Mas os requisitos dos clientes dos serviços diferem significativamente, pelo que o equilíbrio tem de ser efectuado através do processo de negociação. No final do processo de negociação, o fornecedor e o utilizador chegam a um acordo (SLA). Este SLA constitui a base do nível de serviço previsível entre o utilizador e o fornecedor. As caraterísticas de QoS que normalmente fazem parte de um SLA alteram-se frequentemente, pelo que os parâmetros têm de ser cuidadosamente controlados e observados

1.4. <u>O modelo de arquitetura do CSLA (Cloud Service Level Agreement)</u>

Para garantir a qualidade do serviço, é normalmente assinado um SLA (Service Level Agreement) entre os utilizadores e os fornecedores de serviços. A definição de SLA da TMF (Tele Management Forum): SLA é um acordo formal negociado por duas entidades, um contrato juridicamente vinculativo, as respetivas responsabilidades e outros aspetos do consenso e acordos entre o prestador de serviços e o cliente. Em suma, o CSLA é o termo de garantia e o tratamento incorreto da QoCS (Qualidade do Serviço na Nuvem) assinado entre os fornecedores de serviços na nuvem e os consumidores de serviços na nuvem. O CSLA inclui cinco partes: serviço de nuvem, tecnologia de nuvem, relatório de qualidade de nuvem e segurança de nuvem, negócio de nuvem, conforme ilustrado na Figura 2.

Figura 2: Estrutura da CSLA

1.5. **Princípios para o desenvolvimento de normas de acordo de nível de serviço para a computação em nuvem**

A Internet e outros avanços no domínio da informática deram origem a uma economia digital global e a evolução contínua da computação em nuvem veio acrescentar uma nova dinâmica em rápido crescimento. Embora esteja a ganhar maturidade, a computação em nuvem está ainda na sua fase inicial e as tecnologias, os modelos de negócio e as políticas conexas evoluirão sem dúvida ao longo de vários anos.

Há uma série de esforços em curso para facilitar a adoção da computação em nuvem, tornando mais claros os acordos entre os clientes e os fornecedores de serviços de computação em nuvem, tornando-os assim mais comparáveis e compreensíveis. Estes esforços são valiosos, mas, ao mesmo tempo, é importante não limitar a inovação técnica e comercial da computação em nuvem.

A seguir, apresentamos um conjunto de princípios que podem ajudar as organizações, por meio do desenvolvimento de padrões e diretrizes para SLAs de nuvem e outros documentos de governança. Esses princípios não têm a intenção de limitar ou mesmo definir termos de modelo.

1.5.1. Tecnologia neutra

As caraterísticas essenciais da computação em nuvem são a flexibilidade e a extensibilidade, para as quais a neutralidade tecnológica é uma base necessária. Os serviços de computação em nuvem podem ser construídos utilizando qualquer número de tecnologias e não se deve assumir uma pilha tecnológica específica.

Por exemplo, muitos serviços em nuvem expõem interfaces REST ou APIs, mas também podem utilizar tecnologias como os serviços Web para receber dados e interoperar com outros serviços.

Noutro exemplo, ser tecnologicamente neutro é importante porque os serviços em nuvem são normalmente executados em plataformas de hardware virtualizadas, mas a virtualização não deve ser assumida.

A melhoria contínua para fornecer um valor crescente é fundamental para o futuro da computação em nuvem e a liberdade de inovar tecnicamente é fundamental para isso. Os serviços de computação em nuvem baseiam-se tanto em software de fonte aberta como em software proprietário. Também pode haver uma variedade de plataformas de hardware subjacentes aos serviços de computação em nuvem.

1.5.2. Modelo de negócio neutro

Não se deve partir de um modelo de negócio específico para os serviços de computação em nuvem. Os serviços de computação em nuvem podem ser financiados por uma série de métodos, como o pagamento por utilização, contratos de longo prazo, publicidade, fundos públicos e outros. As soluções para o não cumprimento dos objectivos de nível de serviço (SLO) declarados no SLA podem também assumir diferentes formas, como o reembolso dos encargos, serviços gratuitos ou outras formas de compensação.

1.5.3. Aplicabilidade a nível mundial

A Internet é um canal de comunicações global e assenta em normas que são respeitadas em todo o mundo. Da mesma forma, os serviços de computação em nuvem têm uma audiência global de governos, pequenas empresas, empresas, ONGs e indivíduos. Os acordos que regem os serviços de computação em nuvem devem ter em conta as leis, regulamentos e políticas regionais, nacionais e locais, mas todos beneficiam de conceitos e vocabulário comuns a nível mundial e de tecnologia acessível a nível mundial.

1.5.4. Definições inequívocas

Manter a definição dos objectivos de nível de serviço bem definidos e sem ambiguidades é importante para garantir a normalização efectiva dos SLAs de nuvem e para permitir uma comunicação clara entre os fornecedores de serviços de nuvem e os clientes de serviços de nuvem. À medida que a tecnologia evolui e é desenvolvida nova terminologia, também será importante garantir que as definições estejam actualizadas e sejam coerentes com um cenário de serviços em nuvem em evolução.

1.5.5. Objectivos de nível de serviço comparáveis

Os objectivos de nível de serviço ("SLO") são frequentemente quantitativos e têm medidas relacionadas. Para que os clientes de serviços de computação em nuvem possam tomar decisões informadas ao escolherem os serviços de computação em nuvem, é melhor que os objectivos de nível de serviço oferecidos por cada fornecedor de serviços de computação em nuvem para serviços semelhantes possam ser facilmente comparados. As medições também devem ser comparáveis, uma vez que uma comparabilidade reduzida impede a adoção. No entanto, a análise caso a caso de objectivos de nível de serviço menos quantitativos ou qualitativos e a comparação de diferentes serviços podem fornecer informações adicionais para tomar essa decisão informada.

Para serem comparáveis, os objetivos de nível de serviço não precisam ser determinados por meios idênticos, mas informações suficientes sobre o SLO precisam ser fornecidas pelos provedores de serviços em nuvem. A terminologia padronizada, as métricas e os modelos podem ser úteis para documentar como um SLO específico é determinado.

Os objectivos de nível de serviço estão frequentemente associados a métricas. Uma métrica é um método de medição definido e uma escala de medição, que é utilizada em relação a um objetivo quantitativo de nível de serviço.

As métricas são utilizadas para definir os limites e as margens de erro que se aplicam ao comportamento do serviço de computação em nuvem e a quaisquer limitações. As métricas podem ser usadas em tempo de execução para o monitoramento, o equilíbrio ou a correção do serviço. O uso de um conjunto padrão de métricas ou modelos de métricas no SLA de nuvem facilita e acelera a definição de um SLA de nuvem e de objetivos de nível de serviço, além de simplificar a tarefa de comparar um SLA de nuvem com outro.

É frequentemente verdade que um determinado SLO pode ter várias métricas diferentes que podem ser utilizadas. É importante que um SLA deixe claro que métrica(s) está(ão) a ser utilizada(s) para cada SLO quantitativo.

1.5.6. Conformidade através da divulgação

Dado que as normas e orientações para os SLA da computação em nuvem devem ser neutras em termos de tecnologia e de modelo de negócio, não devem impor uma abordagem específica para qualquer conceito. Por exemplo, a disponibilidade do serviço pode ser medida de diferentes maneiras4 , algumas das quais dependem do serviço de nuvem específico. Um serviço de computação é diferente de um serviço de correio eletrónico na nuvem e a disponibilidade do serviço para cada um deles será calculada de forma diferente.

Os fornecedores de serviços de computação em nuvem devem documentar o seu método para atingir os SLO para cada conceito no seu SLA de computação em nuvem com base em conceitos e vocabulário normalizados.

1.5.7. Normas e diretrizes que abrangem os tipos de clientes

Os serviços em nuvem são valiosos tanto para empresas com milhares de utilizadores como para pequenas empresas com apenas alguns utilizadores. Em muitos casos, o serviço de computação em nuvem é uma oferta altamente normalizada que se baseia fortemente na uniformidade para permitir economias de escala e oferecer aos clientes benefícios, como preços baixos. Nalguns casos, o SLA do serviço de computação em nuvem e outros documentos de gestão podem ser negociados entre o cliente do serviço de computação em nuvem e o fornecedor do serviço de computação em nuvem, mas essa negociação não pode ser assumida por defeito. Em muitos casos, o fornecedor de serviços de computação em nuvem oferece aos clientes um acordo padrão fixo, que eles podem optar por aceitar, ou podem escolher um fornecedor de serviços de computação em nuvem diferente que ofereça termos e condições diferentes.

As normas e diretrizes para os SLAs da computação em nuvem devem ser capazes de abranger desde o mais pequeno cliente de serviços de computação em nuvem até ao maior. Existem normas e diretrizes úteis, produzidas por organizações como a ENISA, o NIST ou a ISO/IEC. Por exemplo, no domínio da segurança, um trabalho relevante está a utilizar a abordagem para analisar e aperfeiçoar um controlo individual num ou mais SLO de segurança, que são depois associados a métricas e medições que podem ser quantitativas ou qualitativas.

No entanto, não é possível enumerar exaustivamente as normas, diretrizes ou certificações pertinentes e existem muitas outras iniciativas de especificação úteis.

1.5.8. Caraterísticas essenciais da nuvem

Embora a computação em nuvem seja uma forma de computação distribuída, existem diferenças entre a computação tradicional no local e externalizada e a computação em nuvem. Estas diferenças são melhor descritas na norma ISO/IEC 17788 'Cloud Computing Overview and Vocabulary' como

> Acesso alargado à rede

> Serviço medido

> Multi-tenancy

> Autosserviço a pedido

> Elasticidade e escalabilidade rápidas

> Agrupamento de recursos

Embora muitos dos conceitos dos SLAs tradicionais de computação distribuída se apliquem aos SLAs de computação em nuvem, as necessidades específicas da computação em nuvem devem ser reconhecidas e levadas em conta.

1.5.9. Pontos de prova

Qualquer esforço para desenvolver normas e diretrizes para os SLA na nuvem deve ter em conta o estado da arte e, em certa medida, representar as capacidades do sector dos serviços de computação em nuvem.

O estado da arte não deve necessariamente limitar a introdução de novas ideias ou a reutilização de conceitos antigos, mas eles devem ser considerados em relação às capacidades do setor, incluindo as caraterísticas essenciais da nuvem. Antes de introduzir um determinado conceito numa norma ou numa diretriz para os SLA da computação em nuvem, a organização9 deve procurar pontos de prova para garantir que o conceito é viável tanto do ponto de vista técnico como comercial.

1.5.10. Informação em vez de estrutura

As normas e orientações para os SLA na nuvem não devem especificar a estrutura do SLA, mas sim ilustrar e especificar os conceitos que devem ser abordados.

O que é valioso são as informações que ajudam as partes interessadas comerciais e técnicas a entender os conceitos e o vocabulário não legais utilizados nos SLAs de nuvem. Alguns dos conceitos mencionados neste livro podem não fazer parte da oferta padrão para todos os serviços de computação em nuvem, dadas as diferenças importantes entre os modelos de serviços em nuvem (IaaS, PaaS, SaaS, xaaS), bem como os muitos serviços em nuvem diferentes fornecidos dentro desse grupo de modelos de serviços em nuvem.

O facto de um SLO não ser implementado não implica necessariamente que o serviço seja de qualidade inferior ou tenha um desempenho pior. Também pode haver casos em que informações semelhantes possam ser obtidas a partir de outros SLO.

Um SLA de nuvem pode fazer parte de um Master Service Agreement (MSA) global. O SLA descreve e define os objetivos do nível de serviço para o serviço de nuvem. No entanto, a organização e os nomes utilizados para o MSA e os seus documentos associados podem variar consideravelmente e a localização de um determinado objetivo de nível de serviço no conjunto de documentos também pode variar. Esses documentos podem incluir, mas não estão limitados a:

J Acordo de serviço principal (MSA)

J Acordo de nível de serviço (SLA)

J Contrato de serviço

J Política de utilização aceitável

J Política de privacidade

J Política de segurança

J Política de continuidade das actividades

J Descrição do serviço

1.5.11. Deixar o acordo legal para os advogados

As normas e as diretrizes para os SLAs devem especificar os conceitos e as definições necessárias para que o fornecedor de serviços de computação em nuvem descreva o serviço de computação em nuvem e os seus atributos. O acordo entre o fornecedor de serviços de computação em nuvem e o cliente do serviço de computação em nuvem pode fazer referência às informações claramente definidas no SLA, mas o acordo em si deve cumprir os requisitos legais locais e estes devem ser deixados ao critério de advogados qualificados.

Além disso, o objetivo destas orientações é informar os clientes e os fornecedores de serviços de computação em nuvem sobre algumas considerações a ter em conta ao compreender ou comparar os SLA no contexto da sua situação específica.

1.6. <u>Anatomia de um SLA típico de nuvem</u>

Um SLA típico de um fornecedor de serviços de computação em nuvem tem os seguintes componentes.

• **A garantia de serviço** especifica as métricas que um fornecedor se esforça por cumprir durante um período de tempo de garantia de serviço. O não cumprimento dessas métricas resultará num crédito de serviço para o cliente. Disponibilidade (por exemplo, 99,9%), tempo de resposta (por exemplo, menos de 50 ms), recuperação de desastres e falhas

• **O período de garantia de serviço** descreve a duração durante a qual uma garantia de serviço deve ser cumprida. O período de tempo pode ser um mês de faturação ou o tempo decorrido desde a apresentação da última reclamação. O período de tempo também pode ser pequeno, por exemplo, uma hora. Quanto mais pequeno for o período de tempo, mais rigorosa é a garantia de serviço.

Objetivo - menciona a razão pela qual a APE foi criada.

Partes - menciona as partes incluídas no SLA e as suas funções.

Âmbito - descreve os serviços mencionados no SLA; a estrutura do SLA deve ilustrar o serviço para que o consumidor possa simplesmente reconhecer o procedimento dos serviços.

Restrições - indica os passos essenciais a efetuar para fornecer os níveis de serviço exigidos.

Objectivos de nível de serviço - Os níveis de serviço que são aprovados pelo cliente e pelos fornecedores. Contém um grupo de indicadores de nível de serviço, tais como: disponibilidade, desempenho e fiabilidade. Cada parte do nível de serviço, como a disponibilidade, terá um nível-alvo a atingir. Os objectivos de nível de serviço têm restrições diárias relacionadas com eles para descrever a sua validade.

Indicadores de nível de serviço - estes indicadores são utilizados para medir estes níveis de serviço.

Sanções - descreve o que deve ser feito quando o fornecedor não consegue atingir os objectivos do SLA. Se o SLA for celebrado com um prestador de serviços externo, deve existir uma opção de celebração do contrato.

Serviços opcionais - serviços que não são normalmente necessários para o cliente, mas que podem ser necessários por exclusão.

Exclusões - indica o que não está incluído no SLA.

Administração - define os procedimentos previstos no SLA para atingir e medir os seus objectivos.

Os SLAs foram utilizados durante muito tempo nos domínios das TI para determinar as exigências dos clientes de serviços de TI. Um SLA especifica as expectativas do cliente e do fornecedor do serviço. É frequente os fornecedores transportarem serviços com níveis de qualidade variáveis em função do custo do serviço. Um SLA é precioso para ajudar todos os actores a reconhecer os compromissos entre custo, plano e qualidade. Tal como qualquer tipo de contrato, um SLA não pode garantir que todos os compromissos serão mantidos, mas descreve o que acontecerá se esses compromissos não forem cumpridos. Garantir a superioridade dos serviços prestados através da Internet é um grande desafio, porque a Internet é dinâmica. Alguns desses desafios são:

> Baixo desempenho dos protocolos típicos.

> Casos de segurança.

> Mau funcionamento das infra-estruturas.

"Um SLA não pode garantir que o utilizador obterá o serviço que descreve, tal como uma garantia não pode garantir que o seu automóvel nunca se avariará. Em particular, um SLA não pode transformar um serviço bom num serviço mau. Ao mesmo tempo, um SLA pode evitar o risco de escolher um mau serviço". Um serviço de "boa qualidade" é aquele que satisfaz os requisitos do cliente, que incluem a bondade e a adequação. A forma de conceber os SLA consiste em fornecer dados ou métricas suficientes para que um cliente possa pré-selecionar os serviços em função do seu grau de superioridade preferido. Normalmente, os SLAs são apresentados em conteúdo básico, utilizando formulários ou kits de ferramentas. Os fornecedores concebem os seus sistemas de modo a que as medições sejam recolhidas e depois comparadas com as métricas determinadas no SLA.

Existem três categorias principais de SLA:

1. **Básico** - um SLA com métricas bem organizadas que são calculadas e/ou confirmadas. A recolha destas métricas é normalmente efectuada fisicamente.

2. **Médio** - uma superioridade em várias fases, dependendo do custo do serviço. O objetivo é igualar as fases de superioridade e de custo.

3. **Avançado** - distribuição dinâmica de recursos para atingir os requisitos.

1.7. <u>Utilizadores do ciclo de vida da Sla</u>

Perito no domínio: É uma entidade que representa o conhecimento do domínio no SLA da nuvem. Há várias pessoas envolvidas, como a direção da empresa, as autoridades financeiras, os clientes do consumidor, os arquitectos de software, a equipa de desenvolvimento e manutenção, os peritos jurídicos, os peritos em segurança e privacidade e muitos outros. Como o SLA na nuvem abrange muitos conceitos de domínio, é necessário formar uma ontologia para reunir os conhecimentos. Três ontologias SLA indicando os domínios de serviço como SaaS, PaaS e IaaS são desenvolvidas utilizando o editor Protégé.

Consumidor de nuvem: Na fase de pré-negociação, o consumidor tenta aprender os processos de dez passos do Cloud Standards Customer Council-CSCC, respondendo à sequência de perguntas, correspondendo assim ao SLA do fornecedor no registo. As actividades de monitorização e validação exigem a participação do consumidor.

Fornecedor de serviços em nuvem: Começa com a criação de modelos de SLA e o registo no repositório. O fornecedor é o principal ator envolvido em quase todas as actividades do ciclo de vida.

1.8. <u>Ciclo de vida do SLA</u>

O SLA tem seis fases principais a serem concluídas. Estas fases são as seguintes: desenvolvimento de modelos de serviço e de SLA, descoberta e negociação de um SLA, fornecimento e implantação do serviço, execução do serviço, avaliação e acções corretivas durante a execução, e encerramento e desativação do serviço. O ciclo de vida dos SLA foi descrito pelo Tele Management Forum como mostra a Figura 3.

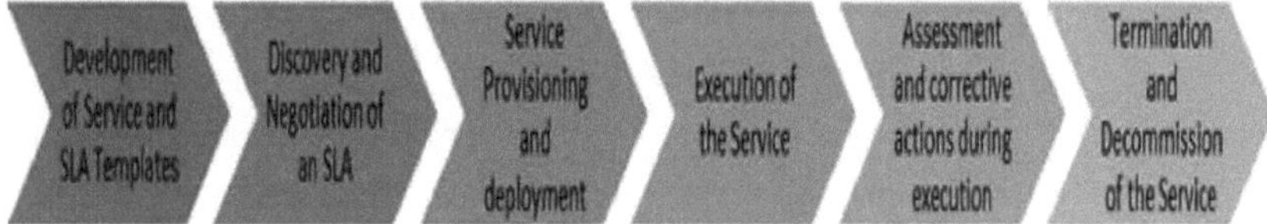

Figura 3: Ciclo de vida do SLA

1.8.1. Desenvolvimento de modelos de serviços e SLA

Esta fase inclui a identificação dos requisitos e necessidades do cliente, as capacidades da rede, a identificação das caraterísticas e parâmetros adequados do serviço, os níveis do serviço, o ambiente de execução do serviço e a implementação da norma dos modelos de SLA.

1.8.2. Descoberta e negociação de um SLA

A fase de descoberta consiste na negociação de um SLA com o consumidor para selecionar os valores dos parâmetros do SLA relacionados com serviços específicos, os custos obtidos pelo cliente do serviço após a assinatura do SLA, os custos incorridos pelo fornecedor do serviço quando o SLA é violado, a definição e, por fim, a periodicidade dos relatórios associados ao serviço a entregar ao cliente do serviço.

1.8.3. Provisionamento e implantação de serviços

Esta fase inclui o aprovisionamento dos recursos do serviço, em que o serviço é ativado e preparado para ser consumido pelo cliente, a configuração da rede, que pode ser para satisfazer requisitos específicos do serviço ou para apoiar a rede de serviços em geral, e a ativação do serviço. A fase de aprovisionamento e de implantação do serviço pode necessitar da reconfiguração dos recursos do serviço para apoiar a fase de execução, o que conduzirá a uma realização bem sucedida dos parâmetros do SLA.

1.8.4. Execução do serviço

Esta fase é o teste efetivo do serviço. É constituída por três fases principais: a primeira é a execução e a monitorização do serviço, a segunda é a elaboração de relatórios em tempo real e a última é a validação do QOS, que se refere à qualidade do serviço. A fase final desta etapa é o processamento das violações do SLA.

1.8.5. Avaliação e acções corretivas durante a execução

A fase de avaliação do SLA consiste em duas partes: a avaliação do cliente individual e a avaliação global do serviço. A avaliação do SLA do cliente inclui a revisão da qualidade do serviço ao cliente (QoS), a gratificação do cliente, a obtenção de possíveis melhorias e a alteração dos requisitos para cada SLA. A avaliação global do serviço para as principais actividades é o reajustamento dos objectivos do serviço, a modificação das operações do serviço, a definição dos problemas de apoio do serviço e, finalmente, o estabelecimento de diferentes níveis de serviço.

1.8.6. Cessação e desativação do serviço

A fase de cessação e desativação do serviço é responsável pela cessação do serviço. Esta rescisão pode ser resultado de diferentes razões; pode ser um problema no contrato, expiração ou violação. A desativação de serviços descontinuados pode causar a cessação do SLA.

1.9. <u>Conteúdo do SLA</u>

A estrutura dos acordos de nível de serviço é geralmente muito específica para cada cenário e não pode ser facilmente generalizada. No entanto, existem alguns elementos básicos que devem estar presentes em todos os SLA. As observações que se seguem não se destinam a ser utilizadas para criar um padrão universal para os SLA, mas sim a dar uma orientação para os conteúdos mais actuais dos SLA.

O conteúdo de um SLA pode ser dividido nas quatro categorias seguintes: elementos relacionados com o acordo, elementos relacionados com o serviço, elementos relacionados com a documentação e elementos relacionados com a gestão.

Os elementos relacionados com o acordo contêm as regras básicas do acordo e incluem, entre outros, o objeto dos SLA, os objectivos, os parceiros, bem como o âmbito, a entrada em vigor, a duração e a cessação dos SLA. Muitas vezes, estes elementos são apresentados na prática sob a forma de um preâmbulo ou de uma introdução. O objeto da introdução dos SLAs descreve o conteúdo e o contexto, bem como uma descrição e delimitação dos serviços controlados pelo SLA. Os objectivos dos SLAs reflectem os objectivos específicos de ambas as partes e servem, entre outras coisas, como base para o controlo do sucesso futuro.

Os elementos relacionados com o serviço representam os elementos que descrevem a regulamentação de um serviço. Estes devem ser especificados individualmente para cada serviço. O conteúdo consiste basicamente em descrever quem, quando, onde e que serviços são prestados. A descrição do serviço deve ser geralmente compreensível. A descrição da qualidade de um serviço é o papel central do SLA. A qualidade de serviço negociada é definida por indicadores-chave de desempenho (KPI), que constituem a base dos objectivos de nível de serviço (SLO). Estes indicadores incluem uma etiqueta ao lado do cálculo ou da métrica, bem como uma área de referência e um ponto de medição. Do mesmo modo, são definidos os custos dos serviços a prestar.

Os elementos relacionados com o documento incluem elementos administrativos e editoriais, que desempenham um papel menor num SLA e servem principalmente para melhorar o manuseamento, a compreensão e a legibilidade. Estes elementos são, por exemplo, a versão, a data da última modificação, o historial de revisões, o índice, o índice ou o glossário. Estes elementos aumentam a legibilidade ao sublinharem o contexto e explicarem os antecedentes.

Os elementos relacionados com a gestão incluem os aspectos que têm a ver com a administração e o controlo dos SLA. Estes representam uma secção muito importante do conteúdo de um SLA, uma vez que são regulados tanto a notificação ao cliente como o procedimento em caso de problemas ou incumprimento dos níveis de serviço.

Além disso, estão regulamentadas as sanções e indemnizações em caso de danos que possam ocorrer devido a desvios dos níveis de serviço.

```
1. Preamble
   1.1  Subject
   1.2  Goals
2. Partner Description
3. Scope
4. Entry Into Force, Running-time and Termination
5. Service-description
   5.1 Service 'X'
        5.1.1 Contents
                5.1.1.1 Name, Description, Demarcation
                5.1.1.2 Partial Services
                5.1.1.1 Flow, Conditions
        5.1.2 Quality of Service
                5.1.2.1 KPI 'Y'
                        * Name, Description
                        * Metrik, Calculation
                        * Measurement Point, References
                        * Service Level
                        * Reporting
                        * Consequences of Failure
                ...

        ...


6. Payment and Billing
7. Reporting
8. Consequences of Failure
9. Arrangements to Control the SLA
10. Arrangements to Change the SLA
11. Rules to Resolve Conflicts
12. Privacy and Sercurity
13. Liability and Warranty
14. Compensation, Applicable Law, Jurisdiction
15. Privacy, Confidentiality, Publication
16. Severability Clause
17. Signatures
18. Attachments
```

Figura 4: Estrutura do SLA

Com base nos elementos apresentados, pode ser criada uma estrutura exemplar de um SLA. Esta pode ser vista na Figura 4 acima. Aqui, é evidente que as descrições do serviço, ou os objectivos do nível de serviço, são o aspeto central de cada SLA. Estes e o seu conteúdo são descritos em mais pormenor nas secções seguintes. Da mesma forma, é evidente que mesmo pequenos SLAs implicam grandes despesas administrativas e a sua criação dá muito trabalho.

1.10. <u>Métricas de SLA na nuvem</u>

Os parâmetros SLA são determinados por métricas. Estas métricas indicam como os parâmetros do serviço podem ser calculados. Também determina as estimativas dos parâmetros quantificáveis. As métricas de SLA planeadas para a computação em nuvem examinam os quatro tipos de serviços em nuvem que são (SaaS, PaaS, IaaS e Armazenamento como um Serviço). Para cada ramo do SLA, são indicados os parâmetros mais significativos que os utilizadores podem utilizar para estabelecer uma forma consistente de compromisso com o fornecedor do serviço.

1.10.1. Métricas de SLA para IaaS

Empresas como a amazon.com fornecem infra-estruturas como um serviço. Muitos clientes não sabem claramente qual o parâmetro significativo que deve ser declarado no lado do hardware do SLA. O estudo mencionou os parâmetros mais importantes para os clientes que estão interessados em utilizar a nuvem como um serviço de infraestrutura, como mostra a Tabela 1.

Parâmetro	Descrição
Capacidade da CPU	Velocidade da CPU para VM (Máquina Virtual)
Tamanho da memória	Dimensão do dinheiro para VM
Tempo de arranque	Tempo para a VM estar pronta a ser utilizada
Armazenamento	Tamanho do armazenamento de dados para um contrato de curta ou longa duração
Aumentar a escala	Máximo de VMs para um utilizador
Reduzir a escala	Número mínimo de VMs para um utilizador
Tempo de aumento de escala	Tempo para aumentar um número específico de VMs
Tempo de redução de escala	Tempo para diminuir um número específico de VMs
Escala automática	Valor booleano para a funcionalidade de redimensionamento automático
Número máximo que pode ser configurado no servidor físico	Número máximo de VMs que podem ser executadas num servidor individual
Disponibilidade	Tempo de atividade do serviço em tempo específico
Tempo de resposta	Tempo para concluir e receber o processo

Tabela 1: Métricas de SLA para IAAS

1.10.2. Métricas de SLA para PaaS

No caso da plataforma como um serviço, os programadores que exploram a PaaS não precisam de instalar instrumentos ou organizar hardware para efetuar os trabalhos de desenvolvimento. Relativamente às métricas de SLA associadas à PaaS, o estudo ilustra os parâmetros-chave que podem ser utilizados como um princípio essencial quando os programadores pretendem comprometer-se com os fornecedores de PaaS, tal como apresentado na Tabela 2.

Parâmetro	Descrição
Integração	Integração com serviços electrónicos e outras plataformas.
Escalabilidade	Grau de utilização com um grande número de utilizadores em

	linha
Faturação por pagamento	Cobrança com base nos recursos ou no tempo de serviço
Ambientes de implantação	Suporte de sistemas offline e em nuvem
Navegadores	Fiiefox. Explorer, etc.
Número de promotores	Quantos programadores podem aceder à plataforma

Tabela 2: Métricas de SLA para PaaS

1.10.3. Métricas de SLA para SaaS

Exemplos superiores de SaaS são os sítios Web de correio, calendário e redes sociais fornecidos pela Google, Yahoo e Microsoft. O estudo mostra as métricas e os parâmetros familiares para o SaaS, como ilustração das métricas para este tipo de serviço em nuvem, tal como apresentado no Quadro 3.

Parâmetro	Descrição
Fiabilidade	Capacidade de continuar a funcionar na maioria dos casos
Usabilidade	Interfaces de utilizador incorporadas fáceis
Escalabilidade	Utilizado com organizações individuais ou de grande dimensão
Disponibilidade	Tempo de funcionamento do software para os utilizadores num determinado período
Personalização	Flexível para utilização com diferentes tipos de utilizadores

Tabela 3: Métricas de SLA para SaaS

1.10.4. Métricas de SLA para Armazenamento como um Serviço

Os clientes em linha introduzem as suas informações a partir de diversos locais. Há algum tempo atrás, os fornecedores de armazenamento online não eram capazes de preservar uma grande quantidade de informação porque não havia área suficiente em discos de armazenamento, rede e sistemas de supervisão de informação. Atualmente, os fornecedores de serviços de armazenamento de informações, como o S3 da amazon.com, dispõem de um grande número de hardware de armazenamento. Além disso, podem gerir e fornecer milhões de clientes de forma poderosa com a sua técnica de fornecimento de informações e garantir que as informações são adequadas para diversos tipos de aplicações. Os parâmetros para as métricas do serviço de armazenamento de informações são necessidades fundamentais para chegar a um compromisso com os fornecedores de armazenamento, como mostra o quadro 4.

Parâmetro	Descrição

Localização geográfica	Zonas disponíveis nas quais os dados são armazenados
Escalabilidade	Possibilidade de aumentar ou diminuir o espaço de armazenamento
Espaço de armazenamento	Quantidade de unidades de armazenamento de dados
Faturação do armazenamento	Como é calculado o custo da armazenagem
Segurança	Ciptografia para armazenamento, transferência de dados, autenticação e autorização
Privacidade	Como é que os dados serão armazenados e transferidos
Cópia de segurança	Como e onde são armazenadas as imagens dos dados
Recuperação	Capacidade de recuperar dados em caso de desastres ou falhas
Produtividade do sistema	Quantidade de dados que podem ser recuperados do sistema num determinado período de tempo
Largura de banda de transferência	A capacidade dos canais de comunicação
Ciclo de vida dos dados Inanageniente	Gestão de dados em centros de dados e utilização de informações de rede

Tabela 4. Métricas de SLA para Armazenamento como um Serviço

1.11. <u>**Exclusões de SLA e disponibilidade**</u>

Para um cliente típico, o SLA da nuvem não é negociável e inclui a disponibilidade do serviço prometida pelos CSPs, a determinação da disponibilidade do serviço e as exclusões à disponibilidade do serviço. A tabela 5 a seguir resume o SLA da Amazon e da Microsoft: serviços de computação e armazenamento em nuvem.

	Amazon		Microsoft	
Produtos e serviços em nuvem	Computador Elástico (EC2)	Serviço de armazenamento simples (S3)	Computação Windows Azrue	Janelas Azme Armazenamento
Cálculo da disponibilidade	Anualmente	Mensal	Mensal	Mensal
Disponibilidade garantida	Pelo menos 99,95%	Pelo menos 99,9%	Pelo menos 99,95%	Pelo menos 99,9%
Consideração do intervalo do	5 minutos	5 minutos	nenhum	1 hora

período de disponibilidade				
Exclusões da disponibilidade do serviço	Factores fora do controlo razoável da Amazon (ponto de demarcação)	Factores fora do controlo razoável da Amazon (ponto de demrar cação)	Factores fora do controlo razoável da Microsoft (ponto de demarcação)	Factores fora do controlo razoável da Microsoft 1 (ponto de demarcação)

Quadro 5: Componentes relacionados com a disponibilidade do SLA da nuvem da Amazon e da Microsoft: nuvem

A determinação da Percentagem de Tempo de Atividade Anual do EC2 e da Percentagem de Tempo de Atividade Mensal do S3 exclui o tempo de inatividade resultante direta ou indiretamente de quaisquer exclusões de SLA de nuvem do Amazon EC2 ou S3. As exclusões do SLA de nuvem da Amazon incluem, entre outras, indisponibilidade causada por factores fora do controlo razoável da Amazon, incluindo qualquer evento de força maior ou acesso à Internet ou problemas relacionados para além do ponto de demarcação do Amazon EC2.

As equações seguintes mostram as determinações da percentagem de tempo de funcionamento do serviço:

Percentagem anual de tempo de atividade do Amazon EC2 = 100% - (% de períodos de 5 minutos durante o Ano de Serviço em que o Amazon EC2 esteve no estado de "Região Indisponível")

Percentagem mensal de tempo de funcionamento do Amazon S3 = 100% - (a média das taxas de erro de cada período de cinco minutos no ciclo de faturação mensal)

1.12. <u>Atribuição de recursos orientada para os SLA na computação em nuvem</u>

Existem basicamente quatro entidades principais envolvidas na atribuição de recursos orientada para o SLA na computação em nuvem.

S **Utilizadores/Corretores**

S **Alocador de recursos SLA**

S **Máquinas virtuais (VMs)**

S Máquinas físicas

Utilizadores/Brokers: Em geral, o utilizador interage com os sistemas de gestão da Nuvem através de sistemas automáticos, como os brokers ou os schedulers, que actuam em nome dos utilizadores para submeter pedidos de serviços de qualquer parte do mundo às Nuvens para serem processados.

Atribuição de recursos SLA: O alocador de recursos SLA funciona como a interface entre a infraestrutura de computação em nuvem e os utilizadores/intermediários externos. Requer a interação dos seguintes mecanismos para apoiar a gestão de recursos orientada para os SLA:

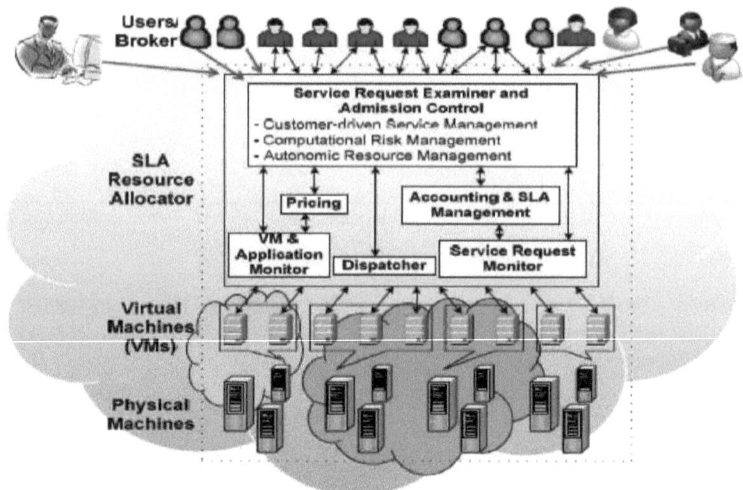

Figura 5: Quadro arquitetónico de alto nível do sistema.

o *Examinador de pedidos de serviço e controlo de admissão:* O pedido de serviço *do utilizador* é primeiro interpretado pelo mecanismo Service Request Examiner and Admission Control que compreende os requisitos de QoS antes de determinar se aceita ou rejeita o pedido. Garante que não há violação do SLA, reduzindo as hipóteses de sobrecarga de recursos, em que muitos pedidos de serviço não podem ser satisfeitos com êxito devido aos recursos limitados disponíveis. Por conseguinte, também precisa das informações mais recentes sobre o estado da disponibilidade dos recursos (do mecanismo VM Monitor) e do processamento da carga de trabalho (do mecanismo Service Request Monitor) para tomar decisões de atribuição de recursos de forma eficaz. Em seguida, atribui pedidos a VMs e determina os direitos de recursos para as VMs atribuídas.

Gestão autónoma de recursos: Esse é o principal mecanismo que garante que os provedores de nuvem possam atender a uma grande quantidade de solicitações sem violar os termos do SLA. Ele gerencia dinamicamente os recursos usando a migração e a consolidação de VMs. Por exemplo, quando um aplicativo requer pouca quantidade de recursos, sua VM é migrada para um host com menor capacidade, para que novas solicitações possam ser atendidas.

o *Precificação*: O mecanismo de preços é uma forma de gerir a procura de serviços nos recursos da nuvem e maximizar o lucro do fornecedor da nuvem. Há várias maneiras de cobrar pelos pedidos de serviço. Por exemplo, os pedidos podem ser cobrados com base no horário de envio (pico/fora de pico), nas taxas de preços (fixas/mutáveis) ou na disponibilidade de recursos (oferta/procura). Os preços também servem de base para a gestão dos recursos informáticos no centro de dados e facilitam a atribuição eficaz de prioridades na atribuição de recursos. Por conseguinte, os fornecedores de serviços em nuvem oferecem, por vezes, serviços iguais/semelhantes com diferentes modelos de preços e níveis de QoS. Os dois modelos mais proeminentes que são utilizados na prática pelos fornecedores de serviços em nuvem são os preços afixados e o mercado à vista.

o *Contabilidade e gestão de SLA*: A gestão de SLAs é o componente que mantém o registo dos SLAs dos clientes com os fornecedores de serviços em nuvem e o seu histórico de cumprimento. Com base nos termos do SLA, o mecanismo de contabilidade mantém a utilização real dos recursos por pedidos, de modo a que o custo final possa ser calculado e cobrado aos utilizadores. Além disso, o histórico de utilização mantido pode ser utilizado pelo examinador de pedidos de serviço e pelo mecanismo de controlo de admissão para melhorar as decisões de atribuição de recursos.

o *Monitor de VM e de aplicações*: Dependendo dos serviços fornecidos, o sistema de gestão de recursos tem de manter o registo do desempenho e do estado dos recursos a diferentes níveis. Se o serviço fornecido for de recursos de computação, o mecanismo VM Monitor controla a disponibilidade de VMs e os seus direitos a recursos. No caso dos serviços de software de aplicação, o desempenho é continuamente monitorizado para identificar qualquer violação do SLA e enviar uma notificação ao SLA Resource Allocator para que este tome as medidas adequadas.

o *Despachante*: O Dispatcher implementa a aplicação no recurso virtual adequado. Também assume a responsabilidade de criar a imagem da máquina virtual e a sua iniciação em anfitriões físicos selecionados.

o *Monitor de solicitação de serviço:* O mecanismo do Monitor de Pedidos de Serviço mantém o controlo do progresso da execução dos pedidos de serviço.

• **Máquinas virtuais (VMs):** Várias VM podem ser iniciadas e paradas dinamicamente para satisfazer pedidos de serviço aceites, proporcionando assim a máxima flexibilidade para configurar várias partições de recursos na mesma máquina física para diferentes requisitos específicos de pedidos de serviço. Além disso, várias VM podem executar simultaneamente aplicações baseadas em diferentes ambientes de sistemas operativos numa única máquina física, uma vez que cada VM está completamente isolada uma da outra na mesma máquina física.

• **Máquinas físicas:** O centro de dados é composto por vários servidores de computação que fornecem recursos para atender às demandas de serviço.

1.13. <u>O futuro dos SLAs na nuvem</u>

Nesta secção, consideramos a forma como um fornecedor de serviços de computação em nuvem pode definir SLAs para serviços de computação em nuvem no futuro.

1.13.1. Garantia de serviço:

Os fornecedores de serviços em nuvem considerados apenas oferecem garantias de tempo de atividade para serviços IaaS. Os fornecedores de serviços em nuvem também podem querer oferecer outras garantias, como desempenho, segurança e tempo de resolução de tíquetes. A oferta de uma garantia de desempenho torna-se necessária se os fornecedores de serviços de computação em nuvem subscreverem em excesso os recursos dos servidores físicos para diminuir o número de servidores físicos utilizados e aumentar a sua utilização. A subscrição excessiva dos servidores físicos implica que o desempenho das máquinas virtuais que funcionam em servidores físicos pode tornar-se uma preocupação. Além disso, a co-localização de uma máquina virtual com outras cargas de trabalho também pode afetar o desempenho da CPU, do disco, da rede e da memória de uma VM. Além disso, as empresas que compram serviços baseados na nuvem podem exigir um nível mínimo de garantia de desempenho. Por conseguinte, pode ser necessário que um fornecedor de serviços em nuvem ofereça SLAs baseados no desempenho para os seus serviços de computação IaaS com um modelo de preços escalonados e cobre um prémio pelo desempenho garantido.

1.13.2. Período de tempo e granularidade da garantia de serviço:

O período de tempo e a granularidade da garantia de serviço determinam o grau de rigor da garantia de serviço subjacente. Uma garantia de serviço é rigorosa se a métrica se basear no desempenho de um recurso de granularidade fina durante um pequeno período de tempo, por exemplo, 99,9% das transacções de memória num intervalo de cinco minutos devem ser concluídas num micro segundo. Uma garantia tão rigorosa pode ser flexibilizada agregando a garantia de serviço a um grupo de recursos (por exemplo, a percentagem agregada de tempo de atividade de todas as instâncias deve ser superior a 99,5%). Os fornecedores podem utilizar uma combinação da granularidade da garantia de serviço e do período de tempo da garantia de serviço para fixar o preço dos seus serviços de forma adequada. Para cargas de trabalho empresariais e de missão crítica, um provedor de nuvem pode não ter escolha a não ser fornecer garantias de serviço mais finas.

1.13.3. Deteção de violação de serviço e crédito:

Nenhum dos fornecedores considerados detecta automaticamente a violação do SLA e deixa ao cliente o ónus de apresentar a prova da violação. Este aspeto pode não ser aceitável para os clientes com cargas de trabalho de missão crítica ou empresariais. Um fornecedor de serviços de computação em nuvem pode diferenciar o preço da sua oferta se detetar automaticamente e creditar o cliente pela violação do SLA. No entanto, o custo das ferramentas para medir, registrar e auditar automaticamente as métricas do SLA pode ser uma preocupação.

1.13.4. SLAs baseados em resultados:

Os fornecedores de serviços em nuvem considerados neste documento oferecem serviços IaaS e PaaS. Utilizando estes serviços, um cliente pode implementar as suas próprias aplicações na nuvem. No entanto, no futuro, os fornecedores de serviços de computação em nuvem podem oferecer serviços baseados em resultados no topo da computação em nuvem, em que um fornecedor fornece uma solução completa para um cliente utilizando a computação em nuvem. Para os serviços baseados em resultados, um fornecedor de serviços de computação em nuvem precisa definir SLAs para os resultados prometidos e como esses SLAs são mapeados para a infraestrutura subjacente de IaaS e PaaS que ele fornece.

1.13.5. Normalização dos SLAs:

A falta de padronização nos SLAs de nuvem torna difícil para um cliente compará-los efetivamente. À medida que os serviços em nuvem amadurecem e que a visão da computação utilitária se concretiza, a padronização do SLA provavelmente ocupará o centro do palco. A representação estruturada dos SLAs (por exemplo, em XML) pode ser necessária para a padronização dos SLAs.

CAPÍTULO II Conciliar as métricas entre o prestador de serviços e o cliente para manter a coerência do serviço: uma perspetiva da gestão do nível de serviço (SLM)

2.1. Introdução à gestão do nível de serviço (SLM) da computação em nuvem

A gestão do nível de serviço (SLM) define, negoceia, controla, comunica e monitoriza os níveis de serviço acordados no âmbito de parâmetros de serviço normalizados predefinidos. Normalmente, a prestação eficaz de serviços informáticos é considerada adequada quando os problemas do sistema são rapidamente resolvidos de forma satisfatória para os utilizadores. A capacidade de uma entidade para manter um serviço informático adequado depende em grande medida do estabelecimento de compromissos de serviço e da gestão dos níveis de serviço.

As implementações SLM podem falhar porque a gestão de TI desvia o foco do serviço para medições centradas na tecnologia, específicas para domínios categorizados. Corretamente, o departamento de serviços de TI deve fornecer uma visão circunspectiva dos níveis de serviço que a gestão compreende. Além disso, o cumprimento dos objectivos deve refletir a criação e a medição de acordos contratuais baseados nos serviços. As negociações baseadas nos serviços não só incentivam o diálogo direto entre as TI e as unidades empresariais, como também promovem a unificação das práticas de TI nos itens de configuração que suportam as aplicações informáticas e os processos empresariais.

A gestão de SLAs é o processo integrado de gestão de vários SLAs desde o início até à avaliação. A gestão de SLA pode ser classificada em três grupos: gestão a nível empresarial, gestão a nível de serviço e gestão a nível de rede. A gestão do nível de serviço do SLA consiste em várias funções, começando pela criação, negociação, fornecimento, monitorização, manutenção, elaboração de relatórios e avaliação do SLA.

Uma vez que a capacidade de controlo é um requisito importante do SLA. Esta função específica deve ser objeto de uma análise mais aprofundada.

A capacidade de controlo indica que o prestador de serviços e o cliente podem observar e gerir o comportamento do serviço relacionado com o SLA ou recorrer a um terceiro de confiança para o fazer. Sem este requisito, seria impossível para uma parte declarar que existe uma violação do SLA. Por conseguinte, os seus termos podem ser ignorados pelo prestador de serviços. O problema que se coloca ao monitorizar o cumprimento de métricas de desempenho unânimes é um grande desafio para os engenheiros de SLA. O SLA deve ser concebido de modo a garantir uma elevada capacidade de controlo e a diminuir a probabilidade de um baixo cumprimento.

A gestão a nível da rede consiste essencialmente na monitorização da rede. A monitorização da rede é o processo de avaliação dos parâmetros de desempenho da rede (NPM) através de diferentes ferramentas e técnicas de monitorização da rede. Existem três métodos conhecidos para monitorizar uma rede:

> **O primeiro método** é a monitorização ativa, tradicionalmente utilizada para medir a perda, a conetividade e o atraso. A monitorização ativa envia tráfego extra entre máquinas depois de configurar as máquinas de teste onde as medições devem ser efectuadas para obter o estado atual da rede. A monitorização ativa utiliza ferramentas simples e fáceis, como o ping e o trace-route. A carga do sistema é muito baixa com a monitorização ativa porque a quantidade de tráfego gerado é pequena em comparação com a de outros métodos. No entanto, os pacotes de teste gerados podem perder-se devido à sua baixa prioridade, o que, por vezes, dificulta a obtenção do estado exato da rede.

> **O segundo método** é a monitorização passiva, que se baseia na captura dos pacotes para obter o estado atual da rede. É por isso que a rede passiva é ideal para medir NPMs (métricas de desempenho da rede) como a utilização e a taxa de transferência.

> **O terceiro e último método** para medir o estado da rede é a utilização de agentes SNMP. Embora este método seja prático e simples, é limitado para medir o débito e a funcionalidade dos NPM.

Por mais fácil que possa parecer, a obtenção de diferentes NPMs utilizando os métodos de monitorização da rede descritos acima, é um desafio aplicar os valores obtidos diretamente aos parâmetros de QoS. Os SLAs são construídos em termos de QoS, enquanto as medições efectivas são NPMs. É por esta razão que é necessário um mecanismo de mapeamento e que os NPM devem ser definidos antes de se decidir sobre os parâmetros de QoS num SLA. O mapeamento entre os parâmetros de QoS e os NPMs medidos depende principalmente do tipo de serviço prestado. Pode ser complicado e a forma de apresentação dos resultados deve ser clara e compreensível para o utilizador (em termos de QoS e não de NPMs).

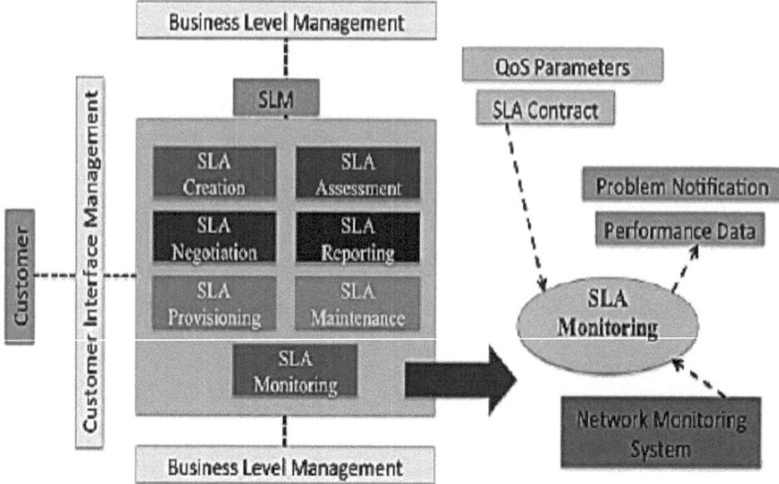

Figura 6: Monitorização SLM e SLA

A SLM pode ser considerada como **monitorização** e **gestão** da QoS com base em indicadores-chave de desempenho (KPI). Os KPIs de QoS podem variar desde estatísticas genéricas de disponibilidade e utilização até indicadores centrados em entidades por interação. Uma SLM adequada requer a identificação de potenciais problemas - como a degradação gradual do desempenho - e a criação de alertas que permitam minimizar o risco de inatividade. Consequentemente, as práticas de SLM devem incluir a comparação do desempenho real com as expectativas pré-definidas, determinando as acções apropriadas e gerando relatórios expressivos para permitir a melhoria do serviço.

A monitorização do serviço é efectuada como parte da gestão do nível de serviço. Através da monitorização do serviço, os dados relacionados com o desempenho são recuperados dos recursos do serviço para cada um dos serviços prometidos. Estas instâncias recuperadas são depois coligidas e integradas para formar o KQI tanto para o recurso de serviço como para o KQI do produto, como se mostra na Figura 7.

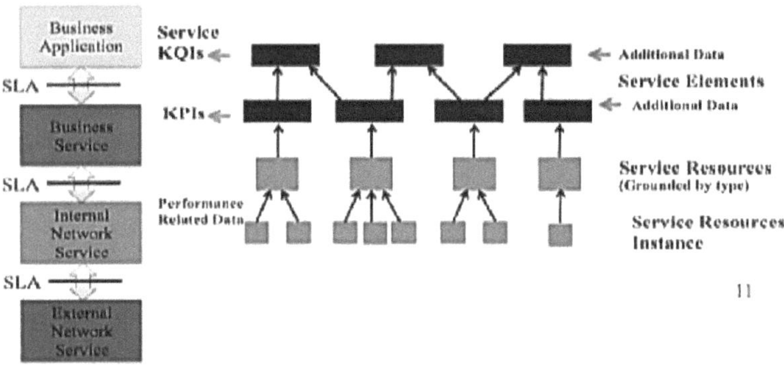

Figura 7: Relação entre recursos de serviço, KQI e KPI

Outro aspeto do processo de gestão de serviços é a elaboração de relatórios de SLA. É óbvio que os relatórios de gestão gerados devem ser vistos por mais do que um grupo funcional, que pode incluir a gestão de topo, os engenheiros de SLA, um grupo financeiro para tratar da cobrança e da faturação e, por último, os utilizadores finais. Por este motivo, o formato de saída destes relatórios deve ser adequado e compreensível para todos os públicos. São utilizadas novas ferramentas de elaboração de relatórios e é aplicável permitir que os utilizadores desenvolvam relatórios por si próprios.

2.1.1. Aplicação da gestão de serviços de TI à computação em nuvem

Os activos de TI são complexos de gerir e mudam continuamente devido à natureza da tecnologia e à evolução das necessidades da empresa. A gestão eficaz do ciclo de vida do hardware, das licenças de software e dos contratos de serviços, bem como dos recursos humanos permanentes e contratados, são factores críticos de sucesso (FCS) não só para otimizar a base de custos das TI, mas também para gerir as mudanças, minimizar os incidentes de serviço e garantir uma qualidade de serviço fiável (QoS).

Tal como sugerido pela International Business Machines (IBM), a computação em nuvem permite que as entidades forneçam serviços fiáveis e a pedido de uma forma flexível e acessível, oferecendo assim as vantagens das normas abertas, dos sistemas escaláveis e da arquitetura orientada para os serviços. No entanto, existem desafios potenciais associados à gestão de um ambiente de nuvem, incluindo

> Crescimento rápido de recursos virtualizados em vários domínios

> Ligação dos recursos dinâmicos à infraestrutura informática subjacente

> Monitorização operacional e determinação de problemas na infraestrutura física e virtualizada

Normalmente, o rápido crescimento de **recursos virtualizados em vários domínios** gera expectativas acrescidas de prestação de serviços de TI. Para conciliar esta perspetiva, a gestão insiste normalmente no aumento da qualidade, da funcionalidade e da facilidade de utilização; na diminuição do tempo de implementação; e na melhoria contínua dos níveis de serviço - com contenção ou redução multilateral dos custos.

Para o pessoal de prestação de serviços de TI da entidade, as expectativas comerciais geralmente se traduzem no fornecimento de SLM apropriado da computação em nuvem. Normalmente, a SLM é considerada a principal área gerencial de TI que garante que os serviços prometidos sejam entregues quando e onde esperados a um custo acordado. Como na maioria dos empreendimentos gerenciais, deve haver um plano bem formulado. Consequentemente, o Plano de Qualidade do Serviço (SQP), que aborda objectivos de gestão específicos, ajuda a concretizar as expectativas dos processos de GCS.

2.1.2. Definir a prestação de serviços de TI e os níveis de suporte

Para permitir a SLM, os clientes, bem como os fornecedores internos e externos, devem ser identificados e gerenciados. Para a maioria dos prestadores de serviços, a infraestrutura de computação em nuvem consiste em serviços prestados através de sítios centrais que utilizam servidores configurados. Assim, os serviços de TI aparecem frequentemente como pontos de acesso únicos para os clientes.

Descritivamente, o estabelecimento de uma boa gestão do nível de serviço requer especificações de serviço claras e interfaces definidas com os clientes (requisitos de nível de serviço (SLR)). Além disso, os acordos internos de nível operacional (OLA) e os contratos com fornecedores externos facilitarão o cumprimento dos SLA negociados.

2.2. **Os requisitos para a realização da SLM**

Para as empresas já envolvidas em serviços geridos, ou para aquelas que estão em alguma prática relacionada com o fornecimento de soluções de TI, a decisão de oferecer SLM pode ser natural. À medida que os CSP (fornecedores de serviços na nuvem) se tornam mais pró-activos, a tendência natural deve ser a de oferecer serviços de maior valor e com maior margem de lucro, que tenham um impacto claro no cliente. O SLM é um desses serviços. De seguida, apresentamos algumas das capacidades mais vitais para a prestação de SLM:

•   **Ferramentas**. A capacidade de fornecer SLM eficaz exige a utilização de ferramentas sofisticadas. Embora as ferramentas básicas de monitorização e gestão de dispositivos de TI sejam pré-requisitos para a prestação de serviços geridos, a SLM requer ferramentas que examinem e meçam objectos atípicos na pilha de TI. Áreas como aplicações personalizadas, servidores Web, portais, extranets e tudo o mais com que os utilizadores interagem são temas de monitorização para SLM. Para alcançar este resultado, é necessário adquirir as ferramentas e os processos adequados.

•   **Processos**. Embora as ferramentas sejam importantes, sem os processos corretos, a SLM nunca poderá ter lugar. Assim que os dados são recolhidos, o MSP ou o fornecedor de TI tem de ter um processo que pegue nessas informações e as transforme em acções. O processo de pegar nos dados de monitorização e transformá-los num plano que possa realmente detetar e evitar a ocorrência de problemas é a essência dos serviços geridos e da SLM. Só desenvolvendo um processo funcional para extrair e analisar dados é que um MSP pode tomar medidas preventivas em nome dos seus clientes. Por exemplo, os dados que indicam um fraco desempenho do site devem conduzir a testes dos objectos implicados. Os testes devem produzir mais informações sobre como esses objectos estão a funcionar (ou a falhar). Devem então ser tomadas medidas pró-activas para remediar quaisquer problemas antes que estes afectem os utilizadores. Para evitar a insatisfação dos utilizadores ou dos clientes, deve ser utilizada uma gestão informática proactiva. Para o conseguir, cada MSP deve ter um processo a seguir.

• **Consultoria empresarial**. Especialmente entre os MSPs mais pequenos, o conceito de fornecer consultoria empresarial (ou, pelo menos, dados relevantes) é parte integrante do fornecimento de SLM. A prática da gestão reactiva de TI é antitética à SLM. O fornecimento de SLM não pode ser realizado sem fornecer uma quantidade mínima de gestão proactiva para manter a satisfação do utilizador final. Esta noção perde-se em muitos MSP que vêem a gestão de TI mais como uma tarefa técnica. Escusado será dizer que a tecnologia é uma componente importante, mas sem os dados comerciais e os conselhos, o cliente fica à mercê de uma rede de TI que pode ou não estar a funcionar da melhor forma.

• **SLAs**. Os SLAs desempenham um papel importante na relação entre o MSP e o cliente. Se um MSP for encarregado de fornecer SLM em um aplicativo ou dispositivo específico, o SLA deve ditar o nível de expetativa e desempenho que pode ser esperado. Muitos consumidores são deixados por conta própria quando se trata de monitorizar o desempenho do SLA. Sem um MSP ou SLM, os executivos das empresas podem nunca saber se a sua infraestrutura está a funcionar como deveria.

2.3. <u>QUESTÕES DE SLM NA COMPUTAÇÃO EM NUVEM</u>

Em primeiro lugar, vamos ilustrar a relação entre o Acordo de Nível de Serviço (SLA) e a SLM. O SLA é uma declaração de promessa de serviço aos clientes, que é medida por métricas de serviço ou Objectivos de Nível de Serviço (SLO), e aplicada através de pagamentos no caso de promessas cumpridas e penalizações no caso de promessas não cumpridas.

SLM é o processo através do qual um SLA é negociado e os níveis de serviço são controlados. Especificamente, os processos de gestão de serviços de TI, os acordos de nível operacional e os contratos subjacentes são geridos para apoiar os objectivos de nível de serviço acordados. A GCS monitoriza e comunica os níveis de serviço, através de análises regulares dos clientes. Naturalmente, uma SLM robusta necessita de recursos dedicados. Funções organizacionais e processos de gestão específicos, vários repositórios de dados e sistemas para sondar, gerir e comunicar desempenhos.

O SLM e o SLA devem ser utilizados conjuntamente (e são-no de facto); o SLM permite criar o SLA, fornecer recursos do sistema e gerir o desempenho do sistema.

No entanto, uma SLM tradicional super-estruturada é bastante inconsistente com a dinâmica na nuvem, onde os clientes têm de selecionar, mesmo a pedido, o serviço certo fornecido entre os CSP. Por conseguinte, deve ser estabelecida uma confiança mútua entre os clientes e os prestadores de serviços de computação e surgem novas questões de gestão do ciclo de vida, que enumeramos a seguir:

2.3.1. Preço e desempenho variáveis

Os CSP prestam serviços de várias formas, por exemplo, um serviço com funções semelhantes pode ter diferentes esquemas de faturação em diferentes CSP. O serviço também pode ser fornecido com vários desempenhos para maximizar as receitas. Além disso, os mesmos serviços fornecidos por diferentes prestadores de serviços podem ter desempenhos diferentes e, normalmente, os seus serviços são excessivamente comprometidos em termos de capacidade e desempenho. Nestes casos, os clientes podem ficar confusos na seleção de um serviço que satisfaça as suas necessidades.

2.3.2. Colaboração não fiável

A computação em nuvem proporciona uma forma de estabelecer uma instalação de TI sem investimentos físicos. Nalguns casos, os CSP podem prestar um serviço de qualidade inferior à prevista nos SLA. Consequentemente, os utilizadores podem não só perder o controlo dos seus recursos informáticos, mas também ficar numa situação em que o serviço pago não corresponde ao que deveriam receber.

2.3.3. Desvio do SLA

Geralmente, o desempenho do serviço de nuvem é medido pelo SLM. Idealmente, os resultados não devem mudar independentemente do lado. No entanto, o cálculo pode afetar a QoS. Por exemplo, o desempenho anual é normalmente mais elevado do que o mensal. Por isso, os utilizadores precisam de uma medição de desempenho justa e equitativa.

2.3.4. Negociação

Os SLAs são amplamente utilizados para definir a QoS. No entanto, se negligenciarem o SLA no SaaS, IaaS e PaaS, os utilizadores seleccionarão os serviços em nuvem em função do custo. Consequentemente, o processo de negociação de cada transação será lento ou injusto (controlado pelos CSP).

2.3.5. Comentários

A carteira de serviços é controlada pelos CSP. Por conseguinte, os utilizadores não podem conhecer a capacidade e o desempenho reais dos serviços. Além disso, embora os utilizadores possam comentar o serviço, os comentários não são publicados. Assim, no mercado atual, os CSP podem vender serviços imaturos com desempenho irrepetível ou baixo.

CAPÍTULO III Avaliação do desempenho do fornecedor de serviços de computação em nuvem através de objectivos de nível de serviço (SLO)

3.1. Introdução aos OBJECTIVOS DE NÍVEL DE SERVIÇO (SLO)

Os objectivos de nível de serviço (SLO) são um elemento central de todos os acordos de nível de serviço (SLA), que incluem as qualidades de serviço negociadas (nível de serviço) e os indicadores-chave de desempenho correspondentes. Os objectivos de nível de serviço contêm as propriedades específicas e mensuráveis do serviço, como a disponibilidade, o débito ou o tempo de resposta, e são frequentemente constituídos por atributos combinados ou compostos. Assim, os SLO devem ter as seguintes caraterísticas

> Realizável / atingível

> Repetível

> Mensurável

> Compreensível

> Significativo

> Controlável

> Acessível

> Mutuamente aceitável

> Influente

Os SLO devem conter sempre um valor-alvo ou nível de serviço, uma métrica e o período de medição correspondente, bem como o tipo e a localização da medição. Para este efeito, são indicados KPIs com valores de nível de serviço associados. Os KPIs também contêm informações sobre o processo, local e unidade de medição. Uma especificação válida de SLO pode, por exemplo, ter o seguinte aspeto: O sistema de TI deve atingir uma disponibilidade de 98% durante o período de medição de um mês. A disponibilidade representa assim o rácio entre o tempo em que o serviço funciona com um tempo de resposta inferior a 100 ms mais o tempo de inatividade planeado e o tempo total do serviço, medido no próprio servidor. A partir desta descrição, os valores reais de desempenho podem ser comparados com os valores de referência dos SLO e é calculada a realização. Com base nisto, podem ser tomadas outras medidas para correção, se necessário.

Para escolher os KPIs corretos para um serviço, é necessário um amplo conhecimento do serviço e da sua utilização. Para dar uma ideia dos possíveis KPIs específicos da computação em nuvem, os mais comuns são listados brevemente abaixo, sem entrar em muitos detalhes. Os seguintes KPIs fornecem especificamente garantias selecionadas para a computação em nuvem, mas também podem sobrepor-se em parte aos KPIs tradicionais, uma vez que os requisitos dos serviços essenciais não diferem de outros serviços gerais.

A.   *KPI (indicadores-chave de desempenho) do serviço geral*

Os acordos de nível de serviço devem ser sempre adaptados ao serviço a ser controlado. No entanto, existem alguns KPIs, cujas regras podem ser utilizadas em vários SLA. Estes KPIs representam as necessidades básicas de cada serviço para funcionar eficientemente. Incluem, por exemplo, a disponibilidade, os aspectos de segurança, os tempos de serviço e o serviço de assistência, bem como a monitorização e os relatórios. Estes são requisitos básicos para cada serviço adquirido.

1.   **Serviços básicos:** Os serviços básicos incluem a disponibilidade, que é definida no momento em que o serviço é utilizável, o tempo de manutenção em relação ao tempo total. Considera-se utilizável aqui se o sistema puder tratar o pedido dentro de um tempo de resposta especificado. Também estão incluídos os KPIs Mean Time Between Failure (tempo médio entre falhas) e Mean Time To Repair (tempo médio de reparação), que especificam os intervalos de tempo em que se podem esperar falhas e quanto tempo é necessário para as reparar.

2.   **Segurança:** Os KPIs de segurança regulam, por exemplo, quais os níveis de versão de software que devem ser utilizados, quanto tempo deve demorar até que uma atualização seja implementada, bem como o âmbito e a frequência das auditorias de segurança. Outros KPI importantes controlam a encriptação dos dados, a utilização e a atualidade do software antivírus e o isolamento e o registo.

3.   **Serviço e Helpdesk:** Controlo de KPIs de serviço e de Helpdesk, incluindo os horários em que a assistência é prestada, que métodos de apoio são aplicados ou quantas chamadas são recebidas por semana. Do mesmo modo, a qualificação do pessoal de apoio e a duração da resolução de problemas.

4.   **Monitorização:** KPIs de monitorização para definir em que valores são determinados os intervalos a monitorizar e como tratar os relatórios resultantes. As disposições destes KPIs podem ser reutilizadas nas outras categorias.

B.   *KPIs do serviço de rede*

Particularmente para a computação em nuvem, a rede tem um forte significado, uma vez que todos os recursos e serviços fornecidos estão disponíveis através de uma rede. Neste caso, a rede tem de ser considerada tanto como um meio de transmissão puro para outros serviços como um serviço independente. Para os KPIs aqui descritos, o ponto de entrada da rede do fornecedor é normalmente escolhido como ponto de medição, uma vez que as garantias do fornecedor se referem apenas a esta área.

Tempo de ida e volta: Tempo que um pacote de rede demora a viajar do emissor para o recetor e vice-versa. Especifica o tempo necessário para a transmissão de um pacote dentro dos limites da rede. Normalmente medido em milissegundos.

Tempo de resposta: Tempo gasto por um pedido até à chegada da resposta à interface requerente. Aqui inclui-se o tempo de processamento do pedido, por oposição ao período puramente orbital do tempo de ida e volta. O tipo de pedido e o comportamento do processamento têm de ser concretamente definidos para este efeito.

Perda de pacotes: Percentagem de pacotes perdidos no total de transmissões. Fórmula:

$$\frac{Number \quad of \quad lost \quad packets}{Number \quad of \quad total \quad packets \quad * \quad 100} \tag{1}$$

O valor deste indicador deve ser o mais baixo possível, uma vez que, por exemplo, uma taxa de perda de 5% a 10% afecta significativamente a qualidade das aplicações VoIP.

Largura de banda: Capacidade bruta da ligação. Quantidade de dados que podem ser transmitidos numa unidade de tempo. Neste caso, não é especificada a capacidade efectiva, mas sim a capacidade máxima nominal.

Taxa de transferência: Apenas são tidos em conta os dados puramente transmitidos, pelo que é especificada a capacidade disponível para o utilizador. Medido em Mbit/s ou / Gbit/s.

Utilização da rede: Proporção da taxa de transferência em relação à largura de banda. Aqui, pode ser visto o quão ocupada está a ligação.

Fórmula:

$$\frac{Throughput}{Bandwidth \quad * \quad 100} \tag{2}$$

Latência: Intervalo de tempo entre a submissão de um pacote e a chegada ao seu destino. É normalmente considerado em conjunto com o Jitter: A diferença na latência de um pacote e o tempo de execução médio / mínimo / máximo. As variações do tempo de execução são problemáticas especialmente em aplicações em tempo real, uma vez que os pacotes podem chegar demasiado tarde ou demasiado cedo.

C. *KPIs de armazenamento em nuvem*

O termo armazenamento pode ser distinguido no âmbito da computação em nuvem em dois tipos básicos. Em primeiro lugar, o armazenamento como um serviço em si, que é obtido como uma memória para infra-estruturas pré-existentes. Por outro lado, o armazenamento pode ser utilizado como parte de outro serviço, como uma cópia de segurança ou armazenamento de dados para serviços em nuvem.

Tempo de resposta: Intervalo de tempo entre o envio de um pedido ao armazenamento e a chegada da resposta à interface de saída. Normalmente medido em milissegundos.

Taxa de transferência: Número de dados transmitidos por unidade de tempo. Neste caso, é transferida uma quantidade específica de dados para o armazenamento e medido o tempo necessário a partir de um determinado ponto. A dimensão do conjunto de dados e a dimensão dos pacotes são factores importantes para a validade desta medida. Além disso, a rede e a sua utilização devem ser consideradas.

Velocidade média de leitura: Em contraste com a taxa de transferência, a velocidade média de leitura refere-se normalmente a um disco rígido individual. Este valor indica a rapidez com que os dados podem ser lidos a partir do hardware. Em sistemas RAID ou soluções de armazenamento virtual, espera-se que este valor se refira a unidades de disco rígido interligadas.

Velocidade média de escrita: Tal como a velocidade de leitura, refere-se à velocidade de escrita no disco rígido. Este valor indica a rapidez com que os dados podem ser escritos de uma fonte para o hardware.

Entradas/Saídas aleatórias por segundo (IOPS): Número de operações de entrada/saída aleatórias possíveis por segundo para diferentes tamanhos de bloco. Quanto mais elevado for o valor IOPS, mais rápido é o disco. Este valor também é importante para medir o número de acessos simultâneos que podem ser tratados pelo sistema.

Entradas/Saídas sequenciais por segundo (IOPS): Número de possíveis operações sequenciais de entrada/saída por segundo para diferentes tamanhos de bloco. Espaço livre em disco Capacidade livre utilizável em % da capacidade total ou espaço livre restante em MB, GB ou TB. Este indicador pode ser muito útil, pois assim é possível definir a quantidade de memória que deve estar sempre disponível no mínimo no sistema.

Tipo de provisionamento: Tipo de aprovisionamento em que, no "aprovisionamento reduzido", o cliente obtém o armazenamento não atribuído permanentemente, mas que é atribuído dinamicamente em tempo de execução. Em contraste, o armazenamento com provisionamento espesso é atribuído ao cliente imediatamente.

Tempo médio de aprovisionamento: Tempo que o fornecedor necessita para fornecer uma quantidade definida de crescimento do volume de dados.

D. *Cópia de segurança e restauro de KPIs*

Os KPIs de backup e restauração referem-se ao armazenamento, ou seja, aos dados armazenados, bem como aos serviços, por exemplo, VMs ou serviços SaaS. Abaixo, são apresentados KPIs importantes.

Intervalo de backup: O intervalo de tempo em que é efectuada uma cópia de segurança. Aqui, é fornecida uma especificação exacta ao fornecedor, juntamente com o tipo de cópia de segurança e uma descrição do scoop.

Tipo de backup: Definição do tipo de backup, por exemplo, backup completo ou backup incremental. Os tipos de backup podem estar relacionados a sistemas individuais ou alianças de serviços inteiras.

E. *KPIs da infraestrutura como serviço*

A Infraestrutura como um Serviço refere-se não só ao serviço em si, mas também às máquinas virtuais utilizadas. Para tal, são especificados nesta secção KPIs de VM adicionais.

VM CPUs Número e tipo de CPUs utilizadas pela máquina virtual. Além disso, devem ser fornecidas informações sobre a sobrelotação dos recursos de CPU fornecidos. Neste caso, os recursos partilhados são atribuídos com mais capacidade do que a fisicamente disponível. Assim, não ocorre uma verdadeira atribuição física de recursos. O desempenho efetivo depende do consumo global do sistema.

Utilização da CPU Proporção de recursos da CPU em uso em relação ao número total de recursos fornecidos por unidade de tempo. Também deve ser considerada a fila de espera da CPU, que indica o número de pedidos abertos à CPU.

Memória VM Quantidade e tipo de memória fornecida. Pode tratar-se de memória física ou de memória virtual. Devem ser indicadas informações sobre a sobrelotação dos recursos de memória atribuídos.

Utilização de memória Proporção dos recursos de memória usados em relação à quantidade total de memória disponibilizada para a VM.

Número mínimo de VMs Número garantido de VMs fornecidas com as especificações indicadas nos pontos anteriores.

Tempo de migração: tempo necessário para mover uma VM de dois recursos predefinidos.

Tempo de interrupção da migração Tempo máximo durante o qual um cliente não tem acesso à migração para o recurso.

Registo Retenção de dados de registo. Especifica durante quanto tempo os dados de registo devem ser armazenados pelo fornecedor e especifica o nível de registo (por exemplo, INFO, DEBUG, etc.).

3.2. **Desempenho Objectivos de nível de serviço (SLO) Descrição geral**

Esta secção abrange os objectivos comuns de nível de serviço que se relacionam com o desempenho do serviço de computação em nuvem e o desempenho de aspectos relacionados com a interface entre o cliente do serviço de computação em nuvem e o fornecedor do serviço de computação em nuvem. O conjunto de objectivos de nível de serviço não é exaustivo, mas nem todos os objectivos de nível de serviço são aplicáveis a todos os serviços de computação em nuvem.

3.2.1. Disponibilidade

Descrição do contexto ou da necessidade

A disponibilidade é a propriedade de ser acessível e utilizável a pedido de uma entidade autorizada.

Descrição da necessidade de SLOs, para além da informação disponível através da certificação

A disponibilidade é geralmente coberta pela certificação em um nível geral. A disponibilidade é um objetivo fundamental do nível de serviço, uma vez que descreve se o serviço em nuvem pode realmente ser utilizado e, normalmente, é necessário especificar valores numéricos para a disponibilidade para fazer declarações significativas que sejam úteis para os clientes do serviço em nuvem.

A questão do significado de "utilizável" é complexa e depende do serviço de computação em nuvem em causa. Um serviço pode estar ativo e disponível, mas ter um desempenho tão fraco que é efetivamente inutilizável. Da mesma forma, o serviço pode estar ativo, mas responder com erros a pedidos válidos. Pode ser útil que o SLA forneça informações claras sobre estes aspectos da disponibilidade do serviço.

Descrição dos SLOs relevantes

Nível de tempo de atividade (frequentemente designado por "disponibilidade")	descreve o tempo em que, num determinado período, o serviço esteve disponível, em relação ao tempo total disponível possível, expresso em percentagem.[15] Alguns serviços de nuvem especificam que o serviço estará indisponível durante períodos específicos para manutenção. É comum que o nível declarado de tempo de atividade exclua esses períodos de manutenção. Nesse caso, Tempo de atividade = Tempo total disponível possível - (Tempo total de inatividade - Tempo de inatividade de manutenção).
Percentagem de pedidos bem sucedidos	descreve o número de pedidos processados pelo serviço sem erros em relação ao número total de pedidos apresentados, expresso em percentagem.
Percentagem de pedidos de fornecimento de serviços atempados	descreve o número de pedidos de fornecimento de serviços concluídos num período de tempo definido em relação ao número total de pedidos de fornecimento de serviços, expresso em percentagem. O aprovisionamento de serviços em nuvem pode variar muito, dependendo do tipo de serviço a ser considerado - desde o aprovisionamento de armazenamento até ao aprovisionamento de contas de utilizador. Assim, espera-se que este SLO tenha de ser adaptado ao serviço específico que está a ser considerado.

3.2.2. Tempo de resposta

Descrição do contexto ou da necessidade

O tempo de resposta é o intervalo de tempo entre um evento iniciado pelo cliente do serviço de nuvem (estímulo) e um evento iniciado pelo provedor de serviços de nuvem em resposta a esse estímulo. Os SLOs de tempo de resposta podem variar dependendo do ponto em que o estímulo do cliente é medido. Por exemplo, a medição pode começar a partir do momento em que o cliente inicia o estímulo no seu dispositivo, ou pode começar a partir do ponto em que o pedido do cliente chega ao ponto final do fornecedor de serviços em nuvem - a diferença é o tempo de trânsito da rede, que pode estar fora do controlo do fornecedor de serviços em nuvem. Da mesma forma, o ponto em que a resposta é medida pode variar.

Descrição da necessidade de SLOs, para além da informação disponível através da certificação

O tempo de resposta pode ser um aspeto altamente significativo da experiência do utilizador de um serviço em nuvem - para alguns pedidos, os tempos de resposta superiores a um determinado limite são considerados inaceitáveis e podem tornar o serviço em nuvem efetivamente inutilizável. Raramente os tempos de resposta são tratados diretamente pelas certificações e, além disso, os tempos de resposta podem variar em função da natureza do pedido em causa ou do tipo de serviço considerado.

Um fator que deve ser considerado é que muitos serviços em nuvem suportam várias operações diferentes e que é provável que o tempo de resposta seja diferente para as diferentes operações. Consequentemente, os SLOs de tempo de resposta precisam de indicar claramente qual ou quais as operações em causa.

Descrição dos SLOs relevantes

Tempo médio de resposta	refere-se à média estatística de um conjunto de observações do tempo de resposta do serviço de computação em nuvem para um determinado tipo de pedido.
Tempo máximo de resposta	refere-se ao objetivo de tempo máximo de resposta para um determinado tipo de pedido.

3.2.3. Capacidade

Descrição do contexto ou da necessidade

A capacidade é a quantidade máxima de alguma propriedade de um serviço de nuvem. Muitas vezes, é um valor importante para os clientes de serviços de computação em nuvem saberem quando utilizam um serviço de computação em nuvem. As propriedades relevantes variam consoante as capacidades oferecidas pelo serviço de computação em nuvem e é frequente que várias capacidades diferentes sejam relevantes para um determinado serviço de computação em nuvem.

Descrição da necessidade de SLOs, para além da informação disponível através da certificação

As capacidades raramente são objeto de certificação e devem ser claramente indicadas no SLA de um serviço de computação em nuvem. Note-se que os SLO de capacidade referem-se às capacidades vistas por um cliente individual do serviço de computação em nuvem e não reflectem as capacidades globais suportadas pelo fornecedor do serviço de computação em nuvem - na verdade, é comum que o cliente possa alterar os limites de capacidade do(s) seu(s) serviço(s) de computação em nuvem solicitando uma alteração na sua subscrição.

Descrição dos SLOs relevantes

Há uma série de SLOs relacionados com a capacidade de um serviço de computação em nuvem

Número de ligações simultâneas	refere-se ao número máximo de ligações separadas ao serviço de computação em nuvem de uma só vez.
Número de utilizadores simultâneos de serviços em nuvem	refere-se a um objetivo para o número máximo de utilizadores clientes de serviços de computação em nuvem separados que podem utilizar o serviço de computação em nuvem ao mesmo tempo.
Capacidade máxima de recursos	refere-se à quantidade máxima de um determinado recurso disponível para uma instância do serviço de computação em nuvem para um determinado cliente do serviço de computação em nuvem. Exemplos de recursos incluem armazenamento de dados, memória, número de núcleos de CPU.
Rendimento do serviço	refere-se ao número mínimo de pedidos especificados que podem ser processados pelo serviço de computação em nuvem num determinado período de tempo, (por exemplo, pedidos por minuto).

3.2.4. Indicadores de capacidade

Descrição do contexto ou da necessidade

Os indicadores de capacidade são objectivos de nível de serviço que prometem uma funcionalidade específica relacionada com o serviço de computação em nuvem.

Descrição da necessidade de SLOs, para além da informação disponível através da certificação

As capacidades podem ser essenciais para a utilização do serviço de computação em nuvem na perspetiva do cliente do serviço de computação em nuvem.

Descrição dos SLOs relevantes

Conectividade externa	Especifica as capacidades do serviço de computação em nuvem para se ligar a sistemas e serviços que são externos ao serviço de computação em nuvem. Os sistemas e serviços envolvidos podem ser outros serviços de computação em nuvem ou podem estar fora da computação em nuvem (por exemplo, sistemas internos do cliente).

3.2.5. Apoio

Descrição do contexto ou da necessidade

O suporte é uma interface disponibilizada pelo fornecedor de serviços de computação em nuvem para tratar de questões e dúvidas levantadas pelo cliente do serviço de computação em nuvem.

Descrição da necessidade de SLOs, para além da informação disponível através da certificação

As capacidades de apoio podem ser exigidas pela certificação, mas os pormenores não são normalmente abrangidos pela certificação e devem ser descritos pelos SLO.

Descrição dos SLOs relevantes

Horas de apoio	especifica as horas durante as quais o fornecedor de serviços de computação em nuvem fornece uma interface de suporte ao cliente de serviços de computação em nuvem que aceita consultas e pedidos gerais do cliente de serviços de computação em nuvem.
Capacidade de resposta do suporte	especifica o tempo máximo que o fornecedor de serviços de computação em nuvem levará para confirmar um pedido de informação ou solicitação de um cliente de serviços de computação em nuvem. É normal que a capacidade de resposta varie em função do nível de gravidade associado ao pedido do cliente, com um tempo de resposta mais curto associado a níveis de gravidade mais elevados.[16]
Tempo de resolução	refere-se ao tempo de resolução pretendido para os pedidos dos clientes - por outras palavras, o tempo necessário para concluir quaisquer acções necessárias em resultado do pedido. Este prazo pode variar em função do nível de gravidade do pedido do cliente, com prazos mais curtos associados a pedidos de maior gravidade.

3.2.6. Reversibilidade e processo de rescisão

Descrição do contexto ou da necessidade

O processo de rescisão ocorre quando um cliente de serviços em nuvem ou um fornecedor de serviços em nuvem opta por rescindir o contrato. O processo de rescisão inclui uma série de passos que permitem ao cliente recuperar os seus dados de cliente do serviço de computação em nuvem dentro de um determinado período de tempo antes de o fornecedor do serviço de computação em nuvem apagar os dados de cliente do serviço de computação em nuvem dos sistemas do fornecedor (incluindo cópias de segurança, que podem ser feitas possivelmente num calendário diferente). O fornecedor de serviços de computação em nuvem pode potencialmente eliminar ou agregar quaisquer dados derivados do serviço de computação em nuvem (isto é limitado aos dados derivados relacionados com as operações) que estejam relacionados com o cliente e a sua utilização do serviço de computação em nuvem, embora essa eliminação possa ser limitada no âmbito.

Descrição da necessidade de SLOs, para além da informação disponível através da certificação

A certificação pode exigir um processo de cessação bem definido, mas normalmente não define aspectos como os períodos de tempo envolvidos.

Descrição dos SLOs relevantes

Período de recuperação de dados	especifica o período de tempo durante o qual o cliente pode recuperar uma cópia dos seus dados de cliente do serviço de computação em nuvem a partir do serviço de computação em nuvem.
Período de conservação dos dados	Refere-se ao período de tempo durante o qual o fornecedor de serviços de computação em nuvem manterá cópias de segurança dos dados do cliente do serviço de computação em nuvem durante o processo de rescisão (em caso de problemas com o processo de recuperação ou para fins legais).
	objectivos). Este período pode estar sujeito a requisitos legais ou regulamentares, que podem colocar limites inferiores ou superiores no período de tempo que o fornecedor pode reter cópias dos dados do cliente do serviço de computação em nuvem.
Conservação de dados residuais	refere-se a uma descrição de quaisquer dados relativos ao cliente do serviço de computação em nuvem que sejam retidos após o fim do processo de rescisão - normalmente, serão dados derivados do serviço de computação em nuvem, que podem estar sujeitos a controlos regulamentares.

3.3. <u>Visão geral dos Objectivos de Nível de Serviço de Segurança</u>

A especificação de objectivos de nível de segurança mensuráveis nos SLA é útil para melhorar a garantia e a transparência. Ao mesmo tempo, permite estabelecer uma semântica comum para gerir a segurança da computação em nuvem a partir de duas perspectivas, nomeadamente (i) o nível de segurança oferecido por um fornecedor de serviços de computação em nuvem e (ii) o nível de segurança solicitado por um cliente de serviços de computação em nuvem.

A abordagem utilizada nesta secção consiste em analisar os controlos de segurança de quadros bem conhecidos em um ou mais SLO de segurança, quando apropriado. Estes SLO podem ser quantitativos ou qualitativos. Esta secção centra-se na definição de possíveis SLO de segurança. São apresentadas oito categorias, cada uma com um ou mais SLO.

As categorias são representativas de alguns requisitos de segurança importantes. No entanto, nem todas as categorias de requisitos de segurança estão reflectidas abaixo, uma vez que podem não existir SLO relevantes para cada uma delas. Por exemplo, a resiliência, a continuidade do negócio e a recuperação de desastres são aspectos importantes da segurança, os controlos e as medidas específicas são normalmente implementados pelos PSC, mas não foi derivado nenhum SLO para estes aspectos de segurança.

Para cada categoria, os SLO destinam-se a fornecer mais informações quantitativas e qualitativas relevantes para um controlo específico, para além do que é normalmente avaliado no contexto de uma auditoria para uma certificação.

Note-se que a lista de SLO não deve ser considerada exaustiva e que os SLO propostos não devem ser considerados aplicáveis em todos os casos individuais. A aplicabilidade de um determinado SLO pode depender do tipo de serviço oferecido (tanto em termos de funcionalidade como de modelo de serviço) e do seu preço (serviço gratuito, pago, premium). É importante compreender que alguns dos SLO relevantes para a segurança também têm relevância nos domínios da gestão de dados, do desempenho e da privacidade dos dados.

3.3.1. Fiabilidade do serviço

Descrição do contexto ou da necessidade

A fiabilidade do serviço é a propriedade de um serviço de computação em nuvem de desempenhar a sua função corretamente e sem falhas, normalmente durante um determinado período de tempo. Esta categoria está normalmente relacionada com os controlos de segurança que implementam a gestão da continuidade das actividades e a recuperação de desastres em quadros como o ISO/IEC 27002. O tempo de inatividade permitido, que representa a manutenção programada e qualquer outro elemento previsto no acordo, deve ser tido em conta para este SLO.

Note-se que a fiabilidade também abrange a capacidade do serviço de computação em nuvem para lidar com falhas e evitar a perda do serviço ou a perda de dados face a essas falhas.

Descrição da necessidade de SLOs, para além das informações disponíveis através da certificação

A fiabilidade é, por vezes, abrangida pela certificação, mas o objetivo da fiabilidade tem de ser indicado para que o cliente do serviço de computação em nuvem possa avaliar se o serviço de computação em nuvem específico satisfaz os seus requisitos comerciais.

Descrição dos SLOs relevantes

Nível de redundância	descreve o nível de redundância da cadeia de fornecimento do serviço de computação em nuvem, possivelmente tendo em conta a percentagem dos componentes ou do serviço que possuem um mecanismo de "fail over". A redundância também varia consoante o tipo de serviço de computação em nuvem fornecido (IaaS versus SaaS, por exemplo)).
Fiabilidade do serviço	descreve a capacidade do serviço de computação em nuvem para desempenhar a sua função corretamente e sem falhas durante um determinado período.

3.3.2. Autenticação e autorização

Descrição do contexto ou da necessidade

A autenticação é a verificação da identidade reivindicada por uma entidade (normalmente, no caso da computação em nuvem, a entidade é um utilizador do serviço de nuvem). A autorização é o processo de verificação de que uma entidade tem permissão para aceder e utilizar um determinado recurso com base em privilégios de utilizador predefinidos. A autenticação e a autorização são elementos-chave da segurança da informação que se aplicam à utilização de serviços em nuvem.

Descrição da necessidade de SLOs, para além da informação disponível através da certificação

A certificação geralmente valida que os mecanismos de autenticação e autorização estão em vigor para um sistema, mas, em geral, não fornece detalhes sobre como esses mecanismos são fornecidos, o que pode ser uma informação essencial para o cliente do serviço de nuvem.

Descrição dos SLOs relevantes

Autenticação do utilizador e nível de	mede o nível de garantia (LoA) do mecanismo utilizado para autenticar um utilizador que acede a um recurso.

garantia de identidade	O LoA pode basear-se em normas relevantes como a NIST SP 800-63 (Diretrizes de Autenticação Eletrónica), a ISO/IEC 29115 (Estrutura de Garantia de Autenticação de Entidades) ou a Estrutura de Garantia de Identidade (IAF) da Iniciativa Kantara.
Autenticação	Especifica os mecanismos de autenticação disponíveis suportados pelo PSC nos seus serviços de computação em nuvem oferecidos. Nalguns casos, o cliente poderá ter de analisar, juntamente com o PSC, os mecanismos que permitem a interoperabilidade entre os seus sistemas de autenticação (por exemplo, a certificação cruzada no caso de certificados digitais
	autenticação).
Tempo médio necessário para revogar o acesso do utilizador	é a média aritmética dos tempos necessários para revogar o acesso dos utilizadores ao serviço de computação em nuvem, mediante pedido, durante um determinado período de tempo.
Proteção do armazenamento do acesso do utilizador	descreve os mecanismos utilizados para proteger as credenciais de acesso dos utilizadores de serviços em nuvem
Suporte para autenticação de terceiros	especifica se a autenticação de terceiros é suportada pelo serviço de computação em nuvem e define quais as tecnologias que podem ser utilizadas para a autenticação de terceiros[18] . Este SLO complementa o anteriormente definido "Autenticação" e constitui a base para soluções interoperáveis de gestão de a uthe nticatio η/id entity entre clientes e fornecedores.

3.3.3. Criptografia

Descrição do contexto ou da necessidade

A criptografia é uma disciplina que incorpora princípios, meios e métodos para a transformação de dados com o objetivo de ocultar o seu conteúdo informativo, impedir a sua modificação não detectada e/ou impedir a sua utilização não autorizada. Também conhecida pelo termo cifragem.

Descrição da necessidade de SLOs, para além da informação disponível através da certificação

Embora muitas abordagens de certificação exijam a utilização de encriptação de dados em diversas circunstâncias, existem muitos métodos de encriptação em utilização e estes métodos variam em termos de força e também variam em termos de custo - quer em termos de desempenho, quer da capacidade de processamento necessária para os utilizar. É necessário que o SLA descreva as especificidades relacionadas com os métodos de cifragem para que o cliente do serviço de computação em nuvem possa avaliar plenamente um serviço de computação em nuvem, uma vez que poucas certificações exigem a utilização de métodos de cifragem específicos.

Descrição dos SLOs relevantes

Resistência criptográfica à força bruta	exprime a força de uma proteção criptográfica aplicada a um recurso com base no seu comprimento de chave, por exemplo, utilizando as recomendações de nível de segurança ECRYPT II[19] ou os níveis de segurança FIPS[20] para a cifragem. Em vez de utilizar apenas os comprimentos de chave, que nem sempre são diretamente comparáveis de um algoritmo para outro, esta escala de normalização permite comparar os pontos fortes de diferentes tipos de algoritmos criptográficos.
Política de controlo do acesso às chaves	descreve a intensidade com que uma chave criptográfica é protegida contra o acesso, quando é utilizada para fornecer segurança ao serviço de computação em nuvem (ou activos dentro do serviço de computação em nuvem).
Módulo de hardware criptográfico	descreve o nível de proteção que é concedido às operações criptográficas no serviço de computação em nuvem através da utilização de hardware criptográfico

3.3.4. Gestão e comunicação de incidentes de segurança

Um incidente de segurança da informação é um evento único ou uma série de eventos de segurança da informação indesejados ou inesperados que têm uma probabilidade significativa de comprometer as operações comerciais e ameaçar a segurança da informação. A gestão de incidentes de segurança da informação é o processo de deteção, comunicação, avaliação, resposta, tratamento e aprendizagem com os incidentes de segurança da informação.

Descrição da necessidade de SLOs, para além da informação disponível através da certificação

A forma como os incidentes de segurança da informação são tratados por um fornecedor de serviços de computação em nuvem é motivo de grande preocupação para os clientes dos serviços de computação em nuvem, uma vez que um incidente de segurança da informação relacionado com o serviço de computação em nuvem é também um incidente de segurança da informação para o cliente do serviço de computação em nuvem.

Descrição dos SLOs relevantes

Percentagem de relatórios de incidentes atempados	descreve os incidentes definidos para o serviço de computação em nuvem que são comunicados ao cliente de forma atempada. Isto é representado como uma percentagem pelo número de incidentes definidos comunicados dentro de um limite de tempo predefinido após a descoberta, sobre o

	número total de incidentes definidos para o serviço de computação em nuvem que são comunicados dentro de um período predefinido (ou seja, mês, semana, ano, etc.).
Percentagem de respostas atempadas a incidentes	descreve os incidentes definidos que são avaliados e reconhecidos pelo fornecedor de serviços de computação em nuvem de forma atempada. Isto é representado como uma percentagem do número de incidentes definidos avaliados e reconhecidos pelo fornecedor do serviço de computação em nuvem dentro de um limite de tempo predefinido após a descoberta, sobre o número total de incidentes definidos para o serviço de computação em nuvem dentro de um período predefinido (ou seja, mês, semana, ano, etc.).
Percentagem de resoluções atempadas de incidentes	descreve a percentagem de incidentes definidos contra o serviço de computação em nuvem que são resolvidos dentro de um limite de tempo predefinido após a descoberta.

3.3.5. Registo e monitorização

Descrição do contexto ou da necessidade

O registo é a gravação de dados relacionados com o funcionamento e a utilização de um serviço em nuvem. Monitorização significa determinar o estado de um ou mais parâmetros de um serviço em nuvem. O registo e a monitorização são normalmente da responsabilidade do fornecedor do serviço de computação em nuvem.

Descrição da necessidade de SLOs, para além da informação disponível através da certificação

As entradas de ficheiros de registo são importantes para os clientes de serviços de computação em nuvem ao analisarem incidentes como violações de segurança e falhas de serviço, bem como ao monitorizarem a utilização diária do serviço pelo cliente. É necessário que haja um objetivo de nível de serviço relacionado com o registo e a monitorização para descrever completamente o serviço de computação em nuvem e as suas capacidades relacionadas.

Descrição dos SLOs relevantes

Parâmetros de registo	descreve os parâmetros que são capturados nos ficheiros de registo do serviço de nuvem.
Disponibilidade de acesso ao registo	descreve a que entradas do ficheiro de registo o cliente do serviço de computação em nuvem tem acesso.
Período de retenção dos registos	descreve o período de tempo durante o qual os registos estão disponíveis para análise (por exemplo, o período de tempo em que os ficheiros de registo estão disponíveis para utilização pelo cliente do serviço de computação em nuvem).

3.3.6. Auditoria e verificação da segurança **Descrição do contexto ou do requisito**

A auditoria é o processo sistemático, independente e documentado para obter provas de auditoria sobre um serviço de computação em nuvem e avaliá-lo objetivamente para determinar o grau de cumprimento dos critérios de auditoria. As provas de auditoria necessárias e os critérios de auditoria são normalmente determinados pelo sistema de auditoria ou pelo sistema de certificação que é utilizado para efetuar a auditoria. A certificação é uma das muitas formas de abordar as auditorias.

Descrição da necessidade de SLOs, para além da informação disponível através da certificação

As auditorias são um meio pelo qual o fornecedor de serviços de computação em nuvem pode oferecer provas independentes de que um serviço de computação em nuvem cumpre critérios específicos de interesse para o cliente do serviço de computação em nuvem - com o objetivo de aumentar a confiança no serviço de computação em nuvem.

Descrição dos SLOs relevantes

Certificações aplicáveis	refere-se a uma lista de certificações detidas pelo fornecedor de serviços de computação em nuvem para um serviço de computação em nuvem, incluindo o organismo de certificação, a data de expiração de cada certificação e o período de renovação[21] .

3.3.7. Gestão de vulnerabilidades

Descrição do contexto ou da necessidade

A vulnerabilidade é uma fraqueza num sistema de informação, nos procedimentos de segurança do sistema, nos controlos internos ou na implementação que pode ser explorada ou desencadeada por uma ameaça.

A gestão das vulnerabilidades significa que as informações sobre as vulnerabilidades técnicas dos sistemas de informação que estão a ser utilizados devem ser obtidas atempadamente, a exposição da organização a essas vulnerabilidades deve ser avaliada e devem ser tomadas as medidas adequadas para fazer face ao risco associado.

Descrição da necessidade de SLOs, para além da informação disponível através da certificação

Muitos dos sistemas de informação associados a um serviço de computação em nuvem pertencem ao fornecedor do serviço de computação em nuvem, o que faz com que o cliente do serviço de computação em nuvem dependa do fornecedor para a gestão adequada e atempada das vulnerabilidades desses sistemas. Os SLOs para a gestão de vulnerabilidades fornecem transparência para o cliente.

Descrição dos SLOs relevantes

Percentagem de correcções atempadas de vulnerabilidades	descreve o número de correcções de vulnerabilidade realizadas pelo fornecedor do serviço de computação em nuvem e é representado como uma percentagem pelo número de correcções de vulnerabilidade realizadas dentro de um limite de tempo predefinido, sobre o número total de correcções de vulnerabilidade para o serviço de computação em nuvem que são comunicadas dentro de um período predefinido (ou seja, mês, semana, ano, etc.).
Percentagem de relatórios de vulnerabilidade atempados	descreve o número de relatórios de vulnerabilidade pelo fornecedor do serviço de computação em nuvem para o cliente do serviço de computação em nuvem e é representado como uma percentagem pelo número de relatórios de vulnerabilidade dentro de um limite de tempo predefinido, sobre o número total de relatórios de vulnerabilidade para o serviço de computação em nuvem que são relatados dentro de um período predefinido (ou seja, mês, semana, ano, etc.).
Relatórios de correcções de vulnerabilidades	é uma descrição do mecanismo através do qual o fornecedor de serviços de computação em nuvem informa o cliente das correcções de vulnerabilidade aplicadas aos sistemas do fornecedor, incluindo a frequência dos relatórios.

3.3.8. Governação

A governação é o sistema pelo qual o serviço de computação em nuvem é dirigido e controlado. A principal área de preocupação é a forma como as alterações e actualizações de um serviço de computação em nuvem são geridas, quer o pedido de alteração tenha origem no cliente do serviço de computação em nuvem, quer tenha origem no fornecedor do serviço de computação em nuvem.

3.3.8.1. Alterações de serviço

Descrição do contexto ou da necessidade

Os serviços de computação em nuvem podem ser alterados periodicamente. Exemplos de alterações ao serviço incluem alterações à funcionalidade, alterações às interfaces do serviço e a aplicação de actualizações de software. A alteração de um determinado serviço pode ser reflectida no SLA ou noutro documento contratual.

Descrição da necessidade de SLOs, para além das informações disponíveis através da certificação

Os clientes de serviços de computação em nuvem necessitam de um período de notificação razoável antes de as alterações a um serviço de computação em nuvem entrarem em vigor, para que possam planear adequadamente.

Descrição dos SLOs relevantes

Alteração do serviço de nuvem	descreve o tipo de alteração (por exemplo, alteração do SLA ou alteração funcional).
comunicação notificações	Mecanismo e período para o fornecedor de serviços de computação em nuvem notificar os clientes do serviço de computação em nuvem das alterações planeadas para o serviço de computação em nuvem.
Percentagem de notificações atempadas de alteração de serviços em nuvem	O número de notificações de alterações efectuadas num determinado período de tempo O número total de notificações de alterações, expresso em percentagem.

3.4. <u>Objectivos de nível de serviço de gestão de dados Descrição geral</u>

À medida que as empresas fazem a transição para a computação em nuvem, os métodos tradicionais de segurança e gestão de dados são desafiados pelas arquitecturas baseadas na nuvem. A elasticidade, o multilocatário, as novas arquitecturas físicas e lógicas e os controlos abstractos exigem novas estratégias de segurança dos dados. A gestão de dados e informações na era da computação em nuvem pode afetar todas as organizações. Começa com a gestão dos dados internos e das migrações para a nuvem e estende-se à segurança das informações em aplicações e serviços difusos e entre organizações.

Os SLO de gestão de dados apresentados nesta secção lidam com importantes indicadores quantitativos e qualitativos relacionados com a gestão do ciclo de vida dos dados e podem ser considerados como complementares às certificações de segurança e proteção de dados existentes e aplicáveis oferecidas pelo fornecedor de serviços de computação em nuvem.

Os SLOs de gestão de dados apresentados estão subdivididos em quatro (4) categorias de nível superior diferentes que abrangem todos os aspectos do ciclo de vida dos dados identificados. Cada categoria é subdividida em um ou mais SLOs que são aplicáveis a essa categoria específica. Nem todos os SLOs podem ser relevantes para cada serviço de computação em nuvem, em particular dependendo do tipo de serviço de computação em nuvem, como IaaS, PaaS ou SaaS.

3.4.1. Classificação dos dados

Descrição do contexto ou da necessidade

A classificação dos dados é uma descrição das classes de dados que estão associadas ao serviço de nuvem:

> serviço de nuvem dados do cliente

> dados do fornecedor de serviços em nuvem

> dados derivados do serviço de nuvem

Os dados do cliente do serviço em nuvem são uma classe de objetos de dados sob o controlo do cliente do serviço em nuvem. Os dados do cliente do serviço de computação em nuvem incluem os dados introduzidos no serviço de computação em nuvem pelo cliente do serviço de computação em nuvem e os resultados da utilização do serviço de computação em nuvem pelo cliente do serviço de computação em nuvem, a menos que o contrato principal de serviço defina especificamente um âmbito diferente.

Descrição da necessidade de SLOs, para além da informação disponível através da certificação

Os seguintes SLO contêm uma lista específica de utilizações de dados (do fornecedor e derivados), que pode ser aplicada para comparar diferentes ofertas de CSP de uma forma concreta. Esta informação é normalmente difícil de deduzir de uma forma tão específica e concreta a partir de certificações de segurança/proteção de dados relevantes. Os clientes devem utilizar esta informação para tomar decisões informadas sobre a sua escolha de CSP - por exemplo, as "utilizações dos dados dos clientes" listadas pelo CSP estão em conformidade com os meus requisitos?

Descrição dos SLOs relevantes

Utilização de dados de clientes de serviços em nuvem pelo fornecedor	descreve a política declarada para qualquer utilização prevista dos dados do cliente do serviço de computação em nuvem
Serviço de nuvem	descreve que dados derivados são criados pelo fornecedor de serviços de computação em nuvem a partir de
utilização de dados derivados	os dados do cliente do serviço de computação em nuvem, as utilizações previstas para os dados derivados e os direitos que o cliente do serviço de computação em nuvem tem para inspecionar os dados derivados

3.4.2. Serviço na nuvem Espelhamento, cópia de segurança e restauro de dados do cliente

Descrição do contexto ou da necessidade

Esta categoria de SLO trata dos mecanismos efectivos utilizados para garantir que os dados dos clientes estão disponíveis (online ou offline) em caso de falhas que impeçam o acesso aos mesmos. Os mecanismos que se enquadram no âmbito deste SLO dividem-se em duas categorias amplamente utilizadas: (i) espelhamento de dados, (ii) cópia de segurança/restauro.

Descrição da necessidade de SLOs, para além da informação disponível através da certificação

A certificação de segurança amplamente utilizada22 contém controlos de segurança específicos que são implementados para evitar a perda de dados. No entanto, em muitos casos, as informações que podem ser extraídas dessas certificações raramente contêm as medidas básicas que podem ser utilizadas pelo cliente do serviço de computação em nuvem para avaliar/monitorizar se os controlos de segurança dos dados implementados cumprem efetivamente os seus requisitos. Referimo-nos, em particular, aos SLO nos seguintes domínios:

> A atualidade dos mecanismos de espelhamento, que pode estar diretamente relacionada com a localização geográfica dos centros de dados do fornecedor de serviços de computação em nuvem,

> Pormenores concretos relacionados com a frequência e o método utilizados pelo(s) mecanismo(s) de cópia de segurança e recuperação do fornecedor de serviços em nuvem.

Os SLO propostos permitem aos clientes, por exemplo, afinar a sua avaliação dos riscos e os seus procedimentos de continuidade das actividades.

Os SLO podem ajudar o cliente do serviço de computação em nuvem a estabelecer o objetivo do ponto de recuperação e o objetivo do tempo de recuperação ao utilizar o serviço de computação em nuvem.

O objetivo do ponto de recuperação é o tempo máximo permitido entre pontos de recuperação. O RPO não especifica a quantidade de perda de dados aceitável, apenas a janela de tempo aceitável. Em particular, o RPO afecta a redundância e a cópia de segurança dos dados. Um RPO pequeno sugere o armazenamento espelhado de dados transitórios e persistentes, enquanto uma janela maior permite uma abordagem de backup periódico. Tal como acontece com o RTO, os clientes de serviços de nuvem devem determinar o seu RPO aceitável para cada serviço de nuvem que utilizam e garantir que os planos de recuperação de desastres do fornecedor de serviços de nuvem e os seus próprios planos cumprem os seus objectivos.

O objetivo de tempo de recuperação é o tempo máximo durante o qual um processo comercial pode ser interrompido, após um desastre, sem sofrer consequências comerciais inaceitáveis. Os serviços em nuvem podem ser componentes críticos dos processos de negócios. Os clientes de serviços em nuvem devem determinar o RTO para cada um de seus processos de negócios dependentes de serviços em nuvem e, da mesma forma, determinar se os planos de recuperação de desastres do provedor de serviços em nuvem e do cliente de serviços em nuvem são suficientes

Descrição dos SLOs relevantes

Espelhamento de dados	refere-se à diferença entre o momento em que os dados são colocados no sistema primário
Latência	e o tempo em que os mesmos dados são colocados no armazenamento espelhado.
Método de cópia de segurança de dados	refere-se a uma lista de métodos utilizados para efetuar cópias de segurança dos dados do cliente do serviço de computação em nuvem.
Frequência da cópia de segurança dos dados	refere-se ao período de tempo entre cópias de segurança completas dos dados do cliente do serviço de nuvem.
Tempo de retenção da	refere-se ao período de tempo em que uma determinada cópia de segurança está

cópia de segurança	disponível para ser utilizada no restauro de dados .
Gerações de reserva	refere-se ao número de gerações de backup disponíveis para utilização no restauro de dados.
Dados máximos Tempo de restauro	refere-se ao tempo necessário para restaurar os dados do cliente do serviço de computação em nuvem a partir de um backup.
Percentagem de restauros de dados bem sucedidos	refere-se à taxa de sucesso comprometida para restaurações de dados, expressa como o número de restaurações de dados efectuadas para o cliente sem erros sobre o número total de restaurações de dados, expresso como uma percentagem.

3.4.3. Ciclo de vida dos dados

Descrição do contexto ou da necessidade

A seguinte lista de SLO está relacionada com a eficiência e a eficácia das práticas do ciclo de vida dos dados do fornecedor, com especial incidência nas práticas e mecanismos de tratamento e eliminação de dados.

Descrição da necessidade de SLOs, para além da informação disponível através da certificação

Apesar de os sistemas de certificação de segurança amplamente utilizados tratarem normalmente do tema da eliminação segura24 , não é fácil extrair a informação específica do PSC relacionada com os controlos de eliminação e armazenamento. Por um lado, a seguinte lista de SLO fornece informação relacionada com a garantia e a atualidade associadas ao mecanismo de eliminação. Por outro lado, são também apresentados os SLO quantitativos associados à fiabilidade do serviço de armazenamento (capacidade de recuperação dos dados e durabilidade dos dados armazenados). Além disso, pode ser interessante para o cliente do serviço de computação em nuvem ser capaz de recuperar dados após o lançamento de um pedido de eliminação e ter SLOs associados a isso. Espera-se que os clientes dos serviços em nuvem utilizem a seguinte lista de SLO para, por exemplo, decidir sobre a escolha dos mecanismos de armazenamento em nuvem disponíveis oferecidos pelo PSC.

Descrição dos SLOs relevantes

Tipo de eliminação de dados	descreve a qualidade da eliminação de dados, que vai desde uma eliminação "fraca", em que apenas a referência aos dados é removida, até técnicas de higienização "fortes", para garantir que os dados eliminados não possam ser facilmente recuperados[25] .
Percentagem de supressões efectivas	refere-se ao número de pedidos de eliminação de dados de clientes de serviços em nuvem concluídos dentro de um prazo predefinido em relação ao número total de

atempadas	pedidos de eliminação, expresso em percentagem.
Percentagem de recuperabilidade da armazenagem testada	refere-se à quantidade de dados do cliente do serviço de computação em nuvem que se verificou poderem ser recuperados durante o período de medição, depois de os dados terem sido eliminados.

3.4.4. Portabilidade dos dados

Descrição do contexto ou da necessidade

A lista de SLOs que se segue está relacionada com as capacidades do CSP para exportar dados, para que estes possam ainda ser utilizados pelo cliente, por exemplo, em caso de rescisão do contrato.

Descrição da necessidade de SLOs, para além da informação disponível através da certificação

Nos quadros e certificações de controlos de segurança relacionados, a implementação dos controlos de portabilidade de dados centra-se normalmente na especificação das políticas aplicáveis do CSP, o que torna difícil (e por vezes impossível) para os clientes de serviços em nuvem extrair os indicadores específicos relacionados com os formatos, interfaces e taxas de transferência disponíveis. A lista de SLOs que se segue centra-se nestes três aspectos básicos das funcionalidades de portabilidade de dados do PSC, que podem ser utilizados pelo cliente, por exemplo, para negociar as funcionalidades técnicas associadas ao processo de cessação do fornecedor.

Descrição dos SLOs relevantes

Formato de portabilidade dos dados	especifica o(s) formato(s) eletrónico(s) em que os dados do cliente do serviço de computação em nuvem podem ser transferidos para/acessados a partir do serviço de computação em nuvem.
Interface de portabilidade dos dados	especifica os mecanismos que podem ser utilizados para transferir os dados do cliente do serviço de computação em nuvem de e para o serviço de computação em nuvem. Esta especificação inclui potencialmente a especificação de protocolos de transporte e a especificação de APIs ou de qualquer outro mecanismo que seja suportado.
Taxa de transferência de dados	refere-se à taxa mínima a que os dados do cliente do serviço de computação em nuvem podem ser transferidos para/do serviço de computação em nuvem utilizando o(s) mecanismo(s) indicado(s) na interface de dados.

3.5. <u>Objectivos de nível de serviço da proteção de dados pessoais</u>

<u>Visão geral</u>

Este parágrafo centra-se na definição de SLO adequados com referência aos casos em que o fornecedor de serviços de computação em nuvem actua como um processador de dados, em nome do seu cliente (responsável pelo tratamento de dados), o que normalmente se aplica aos serviços B2B26. Os fornecedores que actuam como responsáveis pelo tratamento de dados ou responsáveis conjuntos pelo tratamento (nomeadamente através do tratamento de dados pessoais para os seus próprios fins, fora de um mandato explícito do cliente) podem ainda fazer referência a este documento, mas eles e os seus clientes têm de garantir a conformidade com as obrigações legais que podem derivar da sua função de responsável pelo tratamento.

Além disso, este parágrafo concentra-se nas medidas de proteção de dados que são adequadas para serem traduzidas em SLO, ou seja, em objectivos que devem ser alcançados pelo prestador. Outras medidas e obrigações em matéria de proteção de dados podem ser mais bem geridas através de outros instrumentos, como a adesão a um código de conduta, a certificação em relação a uma norma aprovada e o contrato e/ou acordo de serviço relevante e a legislação aplicável.

Neste contexto, importa referir que está em curso uma iniciativa do Subgrupo do Código de Conduta do C-SIG sobre o Código de Conduta para a Proteção de Dados dos fornecedores de serviços em nuvem27. Para alinhar ambas as iniciativas, este parágrafo das Orientações para a Normalização dos SLA será revisto e atualizado após a aprovação da versão final do Código pelo Grupo de Trabalho do Artigo 29.

3.5.1. Códigos de conduta, normas e mecanismos de certificação

Descrição do contexto do requisito

O cliente do serviço de computação em nuvem, enquanto responsável pelo tratamento dos dados, deve aceitar a responsabilidade pelo cumprimento da legislação aplicável em matéria de proteção de dados. Nomeadamente, o cliente do serviço de computação em nuvem tem a obrigação de avaliar a legalidade do tratamento de dados pessoais na nuvem e de selecionar um fornecedor de serviços de computação em nuvem que facilite o cumprimento da legislação aplicável.

A este respeito, o prestador de serviços de computação em nuvem deve disponibilizar todas as informações necessárias, respeitando igualmente o princípio da transparência, tal como descrito a seguir. Essas informações incluem informações que podem ajudar na avaliação do serviço, tais como os códigos de conduta, as normas ou os sistemas de certificação em matéria de proteção de dados que o serviço cumpre.

Descrição da necessidade de SLO, para além da informação disponível através de certificação, adesão a códigos de conduta, etc.

No âmbito das obrigações acima mencionadas, as informações a seguir indicadas são úteis para que o cliente possa avaliar o nível de conformidade do serviço de computação em nuvem com o quadro regulamentar aplicável.

3.5.2. Especificação do objetivo

Descrição do contexto do requisito

O princípio da especificação e limitação das finalidades exige que os dados pessoais sejam recolhidos para finalidades determinadas, explícitas e legítimas e que não sejam posteriormente tratados de forma incompatível com essas finalidades. Por conseguinte, as finalidades do tratamento devem ser determinadas, antes da recolha dos dados pessoais, pelo responsável pelo tratamento de dados, que deve igualmente informar a pessoa em causa.

Quando o responsável pelo tratamento de dados decide processar os dados na nuvem, deve garantir-se que os dados pessoais não são (ilegalmente) processados para outros fins pelo prestador de serviços de nuvem ou por um dos seus subcontratantes.

Descrição da necessidade de SLO, para além da informação disponível através de certificação, adesão a códigos de conduta, etc.

Em geral, o fornecedor de serviços de computação em nuvem não pode tratar dados pessoais, nos termos do contrato de prestação de serviços com o seu cliente, para os seus próprios fins, sem a autorização expressa do cliente. Caso contrário, um fornecedor de serviços de computação em nuvem que trate os dados pessoais dos clientes para os seus próprios fins, sem um mandato explícito dos seus clientes (por exemplo, para fazer análises de mercado ou análises científicas, para traçar o perfil dos titulares dos dados ou para melhorar o marketing direto, tudo por sua própria conta), será considerado um responsável pelo tratamento de dados por direito próprio e terá de cumprir todas as obrigações relevantes.

Por conseguinte, é importante definir a lista de finalidades do tratamento (caso existam), que vão para além das solicitadas pelo cliente.

3.5.3. Minimização de dados

Descrição do contexto do requisito

O cliente do serviço de computação em nuvem é responsável por assegurar que os dados pessoais são apagados (pelo fornecedor e por quaisquer subcontratantes) do local onde estão armazenados, logo que deixem de ser necessários para os fins específicos.

Além disso, podem ser criados dados temporários durante o funcionamento do serviço de computação em nuvem, que podem não ser imediatamente eliminados quando deixarem de ser utilizados por razões técnicas. As verificações periódicas devem garantir que esses dados temporários são efetivamente eliminados após um período predefinido.

Descrição da necessidade de SLO, para além da informação disponível através de certificação, adesão a códigos de conduta, etc.

O contrato entre o cliente do serviço de computação em nuvem e o fornecedor deve incluir disposições claras para o apagamento de dados pessoais. Além disso, uma vez que os dados pessoais podem ser mantidos de forma redundante em diferentes servidores em diferentes locais, deve ser assegurado que cada instância dos mesmos seja apagada irremediavelmente (ou seja, versões anteriores, ficheiros temporários, etc.).

Os seguintes SLO complementam estas indicações, traduzindo-as num objetivo mensurável que aplica o princípio da minimização de dados no decurso do serviço.

Período de retenção temporária dos dados	O período máximo de tempo que os dados temporários são retidos após a identificação de que os dados temporários não são utilizados.
Período de retenção de dados dos clientes de serviços em nuvem	O período máximo de tempo durante o qual os dados do cliente do serviço de computação em nuvem são conservados antes de serem destruídos pelo fornecedor do serviço de computação em nuvem e após a confirmação de um pedido de eliminação dos dados ou da rescisão do contrato.

Descrição dos SLOs relevantes

3.5.4. Limitação da utilização, conservação e divulgação

Descrição do contexto do requisito

O fornecedor de serviços de computação em nuvem, na sua qualidade de subcontratante, deve informar o cliente, o mais rapidamente possível de acordo com as circunstâncias, de qualquer pedido juridicamente vinculativo para o qual o fornecedor seja obrigado a divulgar os dados pessoais por uma autoridade policial ou governamental, exceto se for proibido de outra forma, como uma proibição legal para preservar a confidencialidade de uma investigação.

Descrição da necessidade de SLO, para além da informação disponível através de certificação, adesão a códigos de conduta, etc.

Para além da obrigação de informar o cliente acima mencionada, as seguintes normas de segurança visam quantificar as divulgações às autoridades responsáveis pela aplicação da lei ao longo de um determinado período de tempo, o que também pode permitir ao cliente comparar várias ofertas de diferentes fornecedores.

Descrição dos SLOs relevantes

Número de divulgações de dados de clientes para aplicação da lei	refere-se ao número de divulgações de dados pessoais às autoridades responsáveis pela aplicação da lei durante um período de tempo predefinido (aplicável apenas se a comunicação de tais divulgações for permitida por lei).
Número de notificações de divulgação de dados pessoais	refere-se ao número de divulgações de dados pessoais a autoridades responsáveis pela aplicação da lei efetivamente notificadas ao cliente durante um período de tempo predefinido (aplicável apenas se a comunicação de tais divulgações for permitida por lei).

3.5.5. Abertura, transparência e aviso

Descrição do contexto do requisito

Apenas se o fornecedor informar o cliente sobre todas as questões relevantes, o cliente do serviço de computação em nuvem é capaz de cumprir a sua obrigação como responsável pelo tratamento de dados para avaliar a legalidade do tratamento de dados pessoais na nuvem. Além disso, o fornecedor de serviços de computação em nuvem deve disponibilizar as informações que permitam ao cliente fornecer aos titulares dos dados um aviso adequado sobre o tratamento dos seus dados pessoais, conforme exigido por lei.

Nomeadamente, a transparência na nuvem significa que é necessário que o cliente do serviço de nuvem tenha conhecimento dos subcontratantes dos fornecedores de serviços de nuvem que contribuem para a prestação do respetivo serviço de nuvem.

Descrição da necessidade de SLO, para além da informação disponível através de certificação, adesão a códigos de conduta, etc.

No que diz respeito à transferência de dados pessoais do cliente para os subcontratantes do prestador, o parecer do GT salienta a necessidade de os contratos entre o prestador de serviços de computação em nuvem e os seus subcontratantes reflectirem, em termos de disposições de proteção de dados, as estipulações do contrato entre o cliente do serviço de computação em nuvem e o prestador.

Além disso, o consentimento do cliente do serviço de computação em nuvem (que pode assumir a forma de um consentimento prévio geral) é necessário para a subcontratação e o cliente pode opor-se a alterações na lista dos subcontratantes. Para aplicar estas disposições, a lista de subcontratantes deve ser disponibilizada ao cliente.

O tratamento de certas categorias especiais de dados pode exigir o cumprimento de disposições regulamentares específicas, que podem não ser abrangidas por normas ou sistemas de certificação de aplicação geral. Por conseguinte, o contrato de prestação de serviços deve especificar as possíveis categorias especiais de dados para as quais o serviço é adequado.

Descrição dos SLOs relevantes

Lista de subcontratantes de nível 1	refere-se aos subcontratantes do fornecedor de serviços de computação em nuvem envolvidos no tratamento dos dados pessoais do cliente do serviço de computação em nuvem.
Categorias especiais de dados	refere-se à lista das categorias específicas de dados pessoais (se existirem), por exemplo, dados relacionados com a saúde ou dados financeiros ou dados sensíveis, que o serviço de computação em nuvem é adequado para processar, de acordo com as normas ou regulamentos aplicáveis.

3.5.6. Prestação de contas

Descrição do contexto do requisito

No domínio da proteção de dados, a responsabilidade assume frequentemente um significado lato e descreve a capacidade das partes para demonstrarem que tomaram as medidas adequadas para garantir a aplicação dos princípios da proteção de dados.

Neste contexto, a responsabilidade das TI é particularmente importante para investigar as violações de dados pessoais; para tal, a plataforma de computação em nuvem deve fornecer mecanismos fiáveis de monitorização e registo, tal como descrito nas secções pertinentes das presentes Orientações.

Além disso, os prestadores de serviços de computação em nuvem devem fornecer provas documentais de medidas adequadas e eficazes concebidas para alcançar os resultados dos princípios da proteção de dados (por exemplo, procedimentos concebidos para garantir a identificação de todas as operações de tratamento de dados, para responder a pedidos de acesso, designação de responsáveis pela proteção de dados, etc.). Além disso, os clientes de serviços de computação em nuvem, enquanto responsáveis pelo tratamento de dados, devem garantir que estão preparados para demonstrar o estabelecimento das medidas necessárias à autoridade de controlo competente, mediante pedido.

Descrição da necessidade de SLO, para além da informação disponível através de certificação, adesão a códigos de conduta, etc.

O fornecedor de serviços de computação em nuvem deve notificar o cliente do serviço de computação em nuvem no caso de uma violação de dados que afecte os dados do cliente. Para o efeito, o fornecedor de serviços de computação em nuvem deve implementar uma política de gestão de violação de dados que especifique os procedimentos para estabelecer e comunicar violações de dados. Neste contexto, o primeiro dos seguintes SLOs implementa estes princípios e permite ao cliente avaliar a adequação da política do fornecedor.

O segundo SLO diz respeito à necessidade de estar preparado para demonstrar o estabelecimento das medidas necessárias às autoridades de controlo competentes, mediante pedido.

Descrição dos SLOs relevantes

Política de violação de dados pessoais	descreve a política do fornecedor de serviços de computação em nuvem relativamente à violação de dados .
Documentação	refere-se à lista dos documentos que o fornecedor disponibiliza para demonstrar o cumprimento dos requisitos e obrigações em matéria de proteção de dados (por exemplo, procedimentos para responder a pedidos de acesso, designação de responsáveis pela proteção de dados, certificações, etc.).

3.5.7. Localização geográfica dos dados do cliente do serviço de computação em nuvem

Descrição do contexto do requisito

Os dados pessoais tratados na nuvem podem ser transferidos, também através de subcontratação, para países terceiros, cuja legislação não garante um nível adequado de proteção de dados. Isto implica também que os dados pessoais podem ser divulgados a agências estrangeiras de aplicação da lei, sem uma base jurídica válida na UE.

Para minimizar estes riscos, o cliente do serviço de computação em nuvem deve verificar se o fornecedor garante a legalidade das transferências transfronteiriças de dados, por exemplo, enquadrando essas transferências em acordos de "porto seguro", cláusulas-modelo da CE ou regras vinculativas das empresas, conforme adequado.

Para o efeito, o cliente do serviço de computação em nuvem deve ser informado da localização dos dados tratados na nuvem, tal como exigido também pelos princípios de abertura e transparência acima referidos.

Descrição da necessidade de SLO, para além da informação disponível através de certificação, adesão a códigos de conduta, etc.

Neste contexto, os seguintes SLO representam os instrumentos com base nos quais o cliente do serviço de computação em nuvem é autorizado a controlar a localização dos seus dados.

Descrição dos SLOs relevantes

Lista de geolocalização de	especifica a(s) localização(ões) geográfica(s) onde os dados do cliente do serviço de

dados	computação em nuvem podem ser armazenados e processados pelo fornecedor do serviço de computação em nuvem.
Seleção da geolocalização dos dados	especifica se o cliente do serviço de computação em nuvem pode escolher uma determinada localização geográfica para o armazenamento dos dados do cliente do serviço de computação em nuvem.

3.5.8. Intervencionismo

Descrição do contexto do requisito

A Diretiva 95/46/CE confere ao titular dos dados os direitos de acesso, retificação, apagamento, bloqueio e objeção. Por conseguinte, o cliente de serviços de computação em nuvem deve verificar se o fornecedor de serviços de computação em nuvem não impõe obstáculos técnicos e organizacionais a estes requisitos, incluindo nos casos em que os dados são tratados posteriormente por subcontratantes.

Descrição da necessidade de SLO, para além da informação disponível através de certificação, adesão a códigos de conduta, etc.

O contrato entre o cliente do serviço de computação em nuvem e o fornecedor do serviço de computação em nuvem deve estipular que o fornecedor é obrigado a apoiar o cliente na facilitação do exercício dos direitos do titular dos dados de forma atempada e eficiente. O seguinte SLO visa definir um termo de referência objetivo para estas actividades.

Descrição dos SLOs relevantes

Tempo de resposta do pedido de acesso	Refere-se ao período de tempo dentro do qual o fornecedor deve comunicar as informações necessárias para permitir ao cliente responder aos pedidos de acesso das pessoas em causa

CAPÍTULO IV Contratação de serviços do fornecedor de serviços de computação em nuvem: definição de métricas de serviço, termos e condições do contrato de serviços de computação em nuvem (CSA)

4.1. Introdução ao contrato de serviço em nuvem (CSA)

Foram efectuadas alterações de terminologia; especificamente, o termo acordo de nível de serviço (SLA) foi substituído por acordo de serviço na nuvem (CSA) para fazer referência ao acordo geral que é estabelecido entre clientes e fornecedores de serviços na nuvem. O termo SLA é agora utilizado para fazer referência à parte do CSA mais alargado que trata especificamente dos níveis de serviço.

O panorama atual da CSA

Os CSA são um conjunto de documentos ou acordos que contêm os termos que regem a relação entre o cliente e o fornecedor de serviços de computação em nuvem. Como o mercado de computação em nuvem ainda está em desenvolvimento, os clientes de nuvem devem estar cientes de que pode haver um descompasso entre suas expectativas e os termos de serviço reais dos provedores de nuvem. Por exemplo, um CSA pode não especificar a localização geográfica onde os dados do cliente serão armazenados. Isto pode ser um obstáculo para os clientes sujeitos a restrições de exportação de determinados tipos de dados dos EUA ou à exportação de "dados pessoais" do Espaço Económico Europeu (EEE).

É comum surgirem litígios sobre a estrutura dos acordos, pelo que os clientes de serviços de computação em nuvem devem prestar muita atenção à linguagem e às cláusulas do CSA. Os grandes fornecedores de serviços de computação em nuvem podem ser inflexíveis nos seus CSA, enquanto os pequenos fornecedores de serviços de computação em nuvem podem parecer mais flexíveis, mas tendem a prometer demasiado para obter clientes.

Em geral, o CSA é composto por três artefactos principais:

- *Acordo de cliente*

- *Política de utilização aceitável (PUA)*

- *Acordo de nível de serviço (SLA)*

Esta classificação não é completa, nem é adoptada uniformemente pelo sector da computação em nuvem: não é utilizada uma nomenclatura normalizada pelos vários fornecedores de serviços de computação em nuvem para especificar as suas CSA. Além disso, os fornecedores de serviços de computação em nuvem podem alterar a estrutura e as condições dos seus contratos em qualquer altura.

A secção do *Acordo* do *Cliente* da CSA descreve a relação global entre o cliente e o fornecedor. Uma vez que a gestão de serviços inclui os processos e procedimentos utilizados pelo fornecedor de serviços em nuvem, é necessário acordar formalmente definições explícitas das funções, responsabilidades e execução dos processos. O "Acordo de Cliente" preenche esta necessidade. Alguns fornecedores podem utilizar vários sinónimos, tais como "Contrato Principal", "Termos de Serviço" ou simplesmente "Contrato".

Uma *Política de Utilização Aceitável (PUA)* é comum num CSA. A PUA proíbe actividades que os fornecedores considerem ser uma utilização imprópria ou totalmente ilegal do seu serviço. Essa é uma área de uma CSA em que há uma consistência considerável entre os provedores de nuvem. Embora os detalhes específicos do uso aceitável variem entre os provedores de IaaS, SaaS e PaaS, o escopo e o efeito dessas políticas são os mesmos, e essas disposições geralmente geram menos preocupações ou resistência.

Um *acordo de nível de serviço (SLA)* típico no âmbito da CSA descreve os níveis de serviço utilizando vários atributos, como a disponibilidade, a capacidade de serviço ou o desempenho. O SLA especifica os limiares e as sanções financeiras associadas à violação desses limiares. Os SLA bem concebidos podem contribuir significativamente para evitar conflitos e facilitar a resolução de uma questão antes que esta se transforme num litígio.

Para garantir um nível de serviço acordado, os prestadores de serviços devem medir e monitorizar as métricas relevantes. Existe frequentemente um desfasamento entre as métricas recolhidas e monitorizadas pelo prestador de serviços e as métricas funcionais de nível superior (ou "end-to-end") relevantes para os clientes. Este problema é comum a todos os modelos de serviço, mas é mais grave no caso do SaaS, uma vez que os clientes pretendem que os níveis de serviço sejam cumpridos ao nível da aplicação, onde podem ser afectados por muitos factores. Esta é uma das razões pelas quais os CSAs para SaaS geralmente não oferecem garantias rigorosas de nível de serviço.

As garantias de nível de serviço para IaaS são mais bem definidas do que para SaaS ou PaaS, mas isso não significa que satisfaçam as expectativas do cliente. A maioria dos serviços de infra-estruturas de computação em nuvem pública só está disponível através de contratos-tipo não negociáveis que limitam estritamente a responsabilidade do fornecedor. Como resultado, as soluções oferecidas em caso de incumprimento não correspondem ao custo para o cliente das potenciais interrupções do serviço. Além disso, a maioria dos fornecedores de IaaS coloca o ónus da notificação de violação do SLA e do pedido de crédito nos seus clientes.

Em muitos casos, os SLAs da nuvem não oferecem reembolsos de encargos, mas sim créditos de serviço para utilização futura. Quer se trate de um crédito ou de um reembolso, a redução está normalmente sujeita a um limite máximo, como a faturação normal de um mês. Os créditos contra faturação futura serão pouco ou nada benéficos para os clientes que decidam mudar de fornecedor na sequência de um serviço insatisfatório - e destinam-se claramente a encorajar o cliente a permanecer com o fornecedor atual.

Esta situação bastante tendenciosa está a começar a evoluir. À medida que os clientes se tornam mais informados e a concorrência aumenta, os fornecedores de serviços em nuvem começam a oferecer diferentes opções de serviços que protegem melhor os clientes desses riscos.

Para os clientes da nuvem, o tamanho também é importante. Em geral, quanto maior for a implantação do cliente, o que se traduz em taxas mensais e de instalação mais elevadas, mais poder o cliente pode exercer na negociação de CSAs mais favoráveis, mesmo com fornecedores de SaaS. Não poderão ser oferecidas melhorias deste tipo às pequenas e médias empresas, mas, com o tempo, esperamos que as alterações impostas pelos clientes de maior dimensão se estendam a todos os outros clientes. Melhores CSAs tornar-se-ão inevitavelmente um fator competitivo. Eventualmente, os clientes de todas as dimensões poderão escolher entre uma gama de condições de serviço mais favoráveis e mais flexíveis.

4.2. Guia para avaliação de contratos de serviços em nuvem

Antes de chegar ao ponto de avaliar qualquer CSA, os clientes devem primeiro executar uma série de etapas estratégicas (desenvolver um caso e uma estratégia comercial abrangente, selecionar o serviço de nuvem e os modelos de implementação, etc.).

Com esta análise estratégica como pré-requisito, esta secção fornece uma série prescritiva de passos que devem ser seguidos pelos clientes de serviços de computação em nuvem para avaliar as CSA, de modo a comparar vários fornecedores de serviços de computação em nuvem ou a negociar termos com um fornecedor selecionado. Os passos seguintes são discutidos em pormenor:

1) Compreender as funções e responsabilidades

2) Avaliar as políticas a nível empresarial

3) Compreender as diferenças entre os modelos de serviço e de implantação

4) Identificar os objectivos críticos de desempenho

5) Avaliar os requisitos de segurança e privacidade

6)   Identificar os requisitos de gestão de serviços

7)   Preparar a gestão de falhas de serviço

8)   Compreender o plano de recuperação de desastres

9)   Desenvolver um processo de governação eficaz

10)   Compreender o processo de saída

Os requisitos e as melhores práticas são destacados para cada etapa. Além disso, cada etapa tem em conta as realidades do atual panorama da computação em nuvem e postula a forma como este espaço é suscetível de evoluir no futuro, incluindo o importante papel que as normas desempenharão para melhorar a interoperabilidade e a comparabilidade entre fornecedores.

Passo 1: Compreender as funções e responsabilidades

Do ponto de vista do cliente do serviço de computação em nuvem, uma das áreas de risco significativas envolvidas na computação em nuvem está associada à divisão de actividades e responsabilidades entre o cliente do serviço de computação em nuvem e o fornecedor do serviço de computação em nuvem. É necessário ter uma compreensão completa de quem é responsável por quais actividades para garantir que não existem lacunas que possam levar a problemas durante a utilização dos serviços de computação em nuvem.

A norma ISO/IEC 17789 relativa à arquitetura de referência para a computação em nuvem1 define três funções principais para a computação em nuvem:

>   Cliente de serviços em nuvem

>   Fornecedor de serviços em nuvem

>   Parceiro de serviços em nuvem

O fornecedor de serviços de computação em nuvem e o cliente de serviços de computação em nuvem são os papéis mais importantes na prestação e utilização de serviços de computação em nuvem, enquanto o parceiro de serviços de computação em nuvem é uma parte envolvida no apoio às actividades do cliente de serviços de computação em nuvem e/ou do fornecedor de serviços de computação em nuvem.

Existem várias subfunções de cada uma das funções principais - as subfunções são apresentadas na Figura 8:

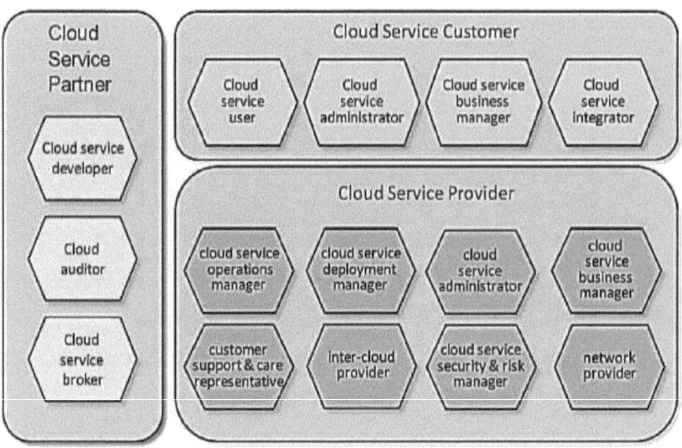

Figura 8: Funções e subfunções de computação em nuvem

Cada uma das subfunções na Figura 1 tem um conjunto de atividades e responsabilidades que são descritas em termos de alto nível na ISO/IEC 17789. Também existem relações entre as subfunções - por exemplo, o administrador do serviço de computação em nuvem do cliente pode interagir com o representante de atendimento e suporte ao cliente do fornecedor nos casos em que o pessoal do cliente tiver problemas ao utilizar o serviço de computação em nuvem.

Algumas das subfunções podem aparecer numa CSA, ou podem ter uma relação direta ou indireta com alguns aspectos da CSA. As subfunções do cliente do serviço de computação em nuvem e do fornecedor do serviço de computação em nuvem, em particular, estão envolvidas na divisão de responsabilidades que é típica dos serviços de computação em nuvem - a CSA deve fazer declarações claras sobre essas responsabilidades. Os clientes dos serviços de computação em nuvem têm de compreender as actividades e as responsabilidades das várias subfunções e garantir que a CSA e o respetivo SLA contêm compromissos e objectivos de nível de serviço adequados para abordar essas actividades e responsabilidades para o(s) serviço(s) de computação em nuvem abrangido(s) pela CSA.

Uma área importante a ser considerada pelos clientes é quem é responsável por detetar e, em seguida, relatar incidentes em que o serviço de nuvem não atende a algum aspeto do CSA ou SLA. Isto pode incluir interrupções em que o serviço de computação em nuvem não está disponível, ou pode incluir casos em que o desempenho não cumpre os níveis de serviço declarados (por exemplo, os tempos de resposta são demasiado longos). A forma como esses incidentes são detectados deve ser estabelecida - pode ser da responsabilidade do cliente e este pode ter de implementar uma tecnologia de monitorização adequada. É igualmente necessário clarificar a forma como os incidentes são comunicados e acompanhados até serem resolvidos.

Uma função do parceiro que é particularmente relevante para a CSA e para os SLAs é o auditor de nuvem. É improvável que o cliente do serviço de computação em nuvem tenha uma visão direta das operações do fornecedor de serviços de computação em nuvem, especialmente no que diz respeito a aspectos como a segurança e a proteção de dados sensíveis, como as informações de identificação pessoal (PII). É comum que os prestadores de serviços de computação em nuvem ofereçam garantias sobre estes aspectos dos seus serviços de computação em nuvem através de certificações ou atestados que são fornecidos por auditores de computação em nuvem terceiros que inspeccionam as operações do prestador de serviços de computação em nuvem e emitem relatórios normalmente baseados em uma ou mais normas ou esquemas de certificação.

Cada CSA pode ser única, com base nos requisitos dos clientes e nos serviços em nuvem que estão a ser considerados. As CSA podem conter vários elementos e não se limitam a medidas quantitativas, mas podem incluir outros aspectos qualitativos, como o alinhamento com as normas e a proteção de dados. Recomenda-se vivamente que os clientes de serviços de computação em nuvem adquiram uma sólida compreensão do espetro de CSA que existe atualmente para os fornecedores de serviços de computação em nuvem, a fim de comparar os serviços de computação em nuvem oferecidos por diferentes fornecedores e avaliar as compensações entre os níveis de custo e de serviço.

É importante reconhecer que o conteúdo de uma CSA e do SLA associado é suscetível de variar consoante a categoria do serviço em nuvem. É provável que as considerações relativas a um serviço IaaS que ofereça uma infraestrutura de computação e armazenamento sejam muito diferentes das de um serviço SaaS que ofereça uma funcionalidade de aplicação completa para algumas funções comerciais. No mínimo, a divisão de responsabilidades entre o fornecedor e o cliente será diferente para estes diferentes casos, o que se reflecte necessariamente em diferenças na CSA e no SLA.

As secções seguintes, que abrangem as etapas de avaliação da CSA na nuvem em pormenor, descrevem as responsabilidades esperadas do cliente e do fornecedor relativamente aos objectivos de nível empresarial e de nível de serviço. Para tomar decisões comerciais sólidas, é importante que os clientes compreendam o que esperar do seu fornecedor de serviços de computação em nuvem. Isto, por sua vez, ajudá-los-á a clarificar as suas próprias responsabilidades e a avaliar o verdadeiro custo da mudança para a computação em nuvem.

Etapa 2: Avaliar as políticas a nível empresarial

Os clientes devem considerar a política e os requisitos de conformidade relevantes para eles ao analisar uma CSA, uma vez que existem interdependências entre as políticas expressas na CSA e a estratégia e as políticas comerciais desenvolvidas nas linhas de negócio. As *políticas de dados* do fornecedor de serviços de computação em nuvem, conforme expressas na CSA, são talvez as políticas de nível empresarial mais críticas e devem ser cuidadosamente avaliadas.

As obrigações que um fornecedor de serviços de computação em nuvem tem para com os seus clientes e respectivos dados são regidas por uma combinação potencialmente complexa de:

> requisitos do cliente,

> a legislação em matéria de proteção de dados aplicável ao cliente, bem como aos seus utilizadores individuais (que pode não estar sob a mesma jurisdição numa empresa multinacional)

> As leis e regulamentos aplicáveis no local onde os dados residem ou são disponibilizados.

Os clientes devem considerar cuidadosamente estes requisitos legais e a forma como a CSA lida com questões como a deslocação de dados quando a redundância em vários locais significa sujeitar os dados a jurisdições diferentes em alturas diferentes. A questão da jurisdição assume uma complexidade adicional quando a conformidade global é tida em consideração e é utilizado mais do que um fornecedor de serviços de computação em nuvem. Nestes casos, o cliente pode ter de coordenar as negociações entre fornecedores para garantir a gestão de dados necessária.

A Tabela 6 destaca as políticas de dados críticos que precisam de ser consideradas e incluídas na CSA da nuvem.

Table 6: Políticas de dados da CSA

Política de dados	Descrição / Orientação
Preservação e redundância de dados	• A captura e preservação atempada e eficiente dos dados é fundamental para manter a memória organizacional de uma empresa ou do utilizador em geral. Os clientes devem, por conseguinte, garantir que dispõem de uma estratégia adequada de preservação de dados que contemple a redundância no sistema. • Os clientes de serviços de computação em nuvem devem garantir que a CSA apoia a sua estratégia de preservação de dados, que inclui fontes, programação, cópias de segurança, restauro, verificações de integridade, etc. Devem preocupar-se com as protecções oferecidas ou omitidas pelo fornecedor de serviços. • Deve ser possível testar a CSA para demonstrar o nível exigido de disponibilidade do serviço.
Localização dos dados	• As CSA que abrangem locais sob diferentes jurisdições constituem um desafio. • Os clientes devem considerar a forma como a CSA especifica o local onde os seus dados residem, onde são processados e como isso cumpre os vários regulamentos aplicáveis. Os clientes devem também compreender onde os dados são visualizados ou entregues e se isso resulta num fluxo de dados transfronteiriço com implicações regulamentares ou fiscais. • Por exemplo, pode o fornecedor fornecer verdadeiramente uma solução técnica sólida quando os dados sensíveis abrangem várias jurisdições com leis contraditórias? O fornecedor compromete-se, no CSA, com o(s) local(is) específico(s) onde os dados do cliente serão armazenados? • Se o fornecedor se reservar o direito de acrescentar novas localizações ou alterar as políticas de transferência de dados, avisará o cliente? De preferência, obterá a autorização do cliente para

	deslocalizar os seus dados?
	• Existe um meio de verificar a localização atual de um conjunto de dados?
Apreensão de dados	• Os poderes legais permitem que a aplicação da lei e outras agências governamentais apreendam dados em determinadas circunstâncias. Os clientes devem certificar-se de que a CSA prevê uma notificação suficiente de tais eventos. • Os clientes devem também assegurar-se de que existem disposições para disponibilizar os seus dados no caso de o seu fornecedor cessar a atividade. • no caso de o fornecedor bloquear o acesso aos seus sistemas devido a um litígio de faturação ou a um problema de segurança, a data do cliente não deve ser "mantida refém" enquanto o problema é resolvido.
Privacidade dos dados	• A política de privacidade dos dados do prestador deve ser incluída na CSA e deve garantir que o prestador conduzirá a sua atividade em conformidade com a legislação aplicável em matéria de proteção da privacidade dos dados. • Isto inclui a identificação dos conjuntos de dados recolhidos, as políticas de retenção de dados, a forma como os dados são comunicados, a forma como os dados pessoais são armazenados e utilizados, etc. • A privacidade dos dados num contexto de computação em nuvem não se refere apenas à proteção das informações sobre os agentes do cliente nas suas relações com o fornecedor (este é o significado restrito em muitos acordos de nível de serviço existentes), mas inclui também a privacidade das informações que podem ser armazenadas sobre os próprios clientes do cliente. • Consulte a secção Privacidade na etapa 5 para obter mais informações.
Disponibilidade de dados	- Avaliar se os calendários de manutenção do fornecedor podem interferir com processos empresariais sujeitos a restrições externas, como relatórios financeiros ou o horário de funcionamento da empresa em determinadas regiões.
Gestão e notificação de alterações	- As obrigações do fornecedor em matéria de gestão e notificação de alterações devem ser cuidadosamente analisadas, em especial o período de tempo concedido para preparar uma alteração. O fornecedor pode também pedir ao cliente que forneça determinadas notificações de alterações, o que constitui uma boa oportunidade para reforçar as políticas de gestão de alterações do próprio cliente.

Para além das políticas de dados, há uma série de outras políticas a nível empresarial expressas na CSA que exigem uma avaliação cuidadosa. O tempo de atividade e a disponibilidade são outra área em que os requisitos e as políticas do cliente podem não coincidir com a linguagem do fornecedor e em que a localização e a jurisdição podem entrar em jogo. Por exemplo, se a garantia de tempo de atividade for para "horas de expediente normais", as organizações com várias localizações em diferentes fusos horários têm de esclarecer se a garantia abrange apenas a localização da sede ou todas as regiões. Da mesma forma, "fins-de-semana" ou "feriados" têm significados diferentes em diferentes países. Para alguns clientes multinacionais com escritórios em todos os continentes, o sol literalmente nunca se põe no seu império, e o fornecedor pode não estar preparado para se comprometer a prestar-lhes apoio 24x365.

Todas essas políticas terão impacto e influenciarão a estratégia de nuvem e o caso de negócios do cliente. Em muitos casos, estas políticas, tal como definidas na CSA, não são negociáveis e são semelhantes em diferentes fornecedores de serviços de computação em nuvem. No entanto, haverá casos em que algumas destas políticas podem ser negociadas e/ou algumas destas políticas diferem suficientemente entre os diferentes fornecedores de serviços de computação em nuvem para justificar uma análise cuidadosa por parte dos clientes.

O quadro 7 abaixo destaca as políticas críticas a nível empresarial que devem ser consideradas e abordadas na CSA.

Table 7: Políticas de nível empresarial da CSA

Política	Descrição / Orientação
Garantias	• As garantias da CSA devem ser definidas, objectivas e mensuráveis, com uma matriz de penalizações adequadamente dimensionada que corresponda ao impacto do incumprimento do prestador.[3] A CSA deve clarificar: o O que constitui um desempenho justificado ou excluído o Procedimentos de escalonamento o Como são administrados os bónus e as penalizações ao nível do serviço o Circunstâncias e mecanismos de correção • As garantias devem ser expressas como um número mensurável, por exemplo, uma percentagem como 99,999% para a disponibilidade do serviço, indicando o período de tempo em que é garantido que o serviço está a funcionar. Outras garantias referir-se-ão a métricas noutras unidades, como o tempo de reparação em minutos, etc. • As medidas de disponibilidade devem incluir a janela de medição.
Política	Descrição / Orientação
Política de utilização aceitável	• A política de utilização aceitável descreverá claramente a forma como o cliente pode utilizar o serviço e o acordo descreverá geralmente as acções que o fornecedor pode tomar em caso de violação. • No ambiente de nuvem atual, esta política é normalmente inegociável e os termos favorecem geralmente o fornecedor de nuvem. • Os clientes precisam de compreender o impacto de tais políticas se utilizarem a solução de nuvem para, por sua vez, fornecerem um serviço a utilizadores finais sobre os quais têm um controlo limitado,
Lista de serviços não Coberto	• O CSA indicará em que condições e com que serviços descritos o cliente é apoiado. O CSA pode também indicar o que está excluído e o que constitui uma utilização ilegal. • Os clientes devem procurar excepções explicitamente declaradas e compreender por que razão o fornecedor as excluiu.
Utilização excessiva	• Os fornecedores utilizam modelos de negócio para gerar receitas. Embora a elasticidade seja uma vantagem fundamental da utilização da nuvem, os clientes podem descobrir que a utilização acima dos limites contratados implica taxas incrementais elevadas que podem ser punitivas e afetar os seus orçamentos. • Os clientes devem dimensionar corretamente as suas necessidades de utilização, reduzir a oportunidade de aumento da utilização e considerar e compreender as possibilidades de exceder os

	seus limites de utilização.
Ativação	• O momento em que o serviço se torna ativo deve ser definido com precisão, a fim de fornecer um "ponto de partida de referência" para a medição do desempenho. Isto é importante para medir certas métricas que estão associadas a uma janela de tempo específica (por exemplo, número de interrupções por período de 30 dias). Tem impacto no facto de um "evento" desencadear uma cláusula penal. • Do ponto de vista da conformidade com a CSA, é importante que os clientes compreendam os pontos de ativação ao abrigo da CSA para que possam medir de forma independente o tempo dos eventos.
Modelos de pagamento e de penalização	• O CSA deve esclarecer quando/como o pagamento deve ser feito. Os modelos de pagamento do provedor variam. Os modelos recorrentes mensais ou "pague conforme usar" são típicos. • Pode haver condições de crédito que exijam um pagamento adiantado ou um pagamento de 30 em 30 dias. Os prestadores de serviços "just in time" são sensíveis a um controlo de crédito deficiente e são susceptíveis de ser mais diligentes na suspensão do serviço. • Da mesma forma, o cliente deve ser diligente na obtenção de pagamentos de créditos de serviço para interrupções.
Governação / Controlo de versões	• Os serviços dos fornecedores evoluem. Poderão ser acrescentadas novas funcionalidades, outras ficarão fora da garantia e algumas poderão persistir indefinidamente. Quando os pressupostos ou as condições em que a CSA foi inicialmente aceite são alterados, o cliente deve analisar o impacto na sua situação específica. • Um bom fornecedor manterá uma política proactiva de avisar os clientes das alterações à sua CSA e praticará o controlo de versões. • Os clientes devem assegurar-se de que existe um mecanismo que os informe das alterações e, se não existir, devem alterar o seu contrato de modo a que o fornecedor seja obrigado a fornecer um aviso prévio razoável das actualizações.

Política	Descrição / Orientação
Renovações	• As renovações são uma oportunidade para negociar melhores tarifas ou níveis de serviços, ou para mudar para outro fornecedor, se necessário. • Os prestadores de serviços podem incluir nos seus contratos uma cláusula de renovação automática que se aplica na ausência de um aviso de rescisão de 90 dias antes da data de aniversário do contrato. É frequente os clientes não terem em conta este prazo e serem obrigados a renovar o contrato sem terem tido a oportunidade de negociar alterações ou mesmo de cancelar o serviço. • Os clientes devem ler os termos e condições dos acordos de renovação e considerar as condições em que um fornecedor pode alterar os termos do serviço (ou rever os preços) aquando da renovação.
Transferibilidade	• Os clientes devem considerar a eventual necessidade de transferir um acordo no caso de a sua empresa ser vendida. • Por outro lado, se a empresa do fornecedor for adquirida, o cliente pode não querer fazer negócio com o novo proprietário e deve ter a opção de migrar para um novo serviço sem penalizações. • Os clientes podem ter várias contas com um fornecedor e pretender compensar os créditos entre contas. Isto está previsto nas condições contratuais do fornecedor?
Apoio	• Os clientes devem seguir as regras fornecidas para comunicar problemas, a fim de garantir que os termos de suporte especificados no CSA sejam activados e que o "relógio comece a contar" para o escalonamento e as penalidades apropriadas. • Um exemplo de uma matriz de suporte e escalonamento relacionada à disponibilidade do serviço é fornecido abaixo. Os quatro tempos-alvo da tabela estão associados ao "carimbo de data/hora" de início

do serviço ou à notificação de um evento que afecta o serviço.

Prioridade	Descrição	Objetivo Tempo de resposta	Tempo de atualização do objetivo	Tempo de fixação do objetivo
PI	Software de produção inutilizável/ Servidores de produção em nuvem inacessíveis	1 hora, o diretor do fornecedor é notificado do problema	Seu	Imediato - o trabalho começa e continua até o problema ser resolvido ou a solução ser implementada
P2	Funcionalidade parcial do software inutilizável/ Serviço parcial indisponível	4 horas	Dia	2 dias, sujeito à disponibilidade de uma faixa horária de manutenção
P3	Problema cosmético	1 dia útil	1 dia útil	Próxima versão do software/atualização de serviço
P4	Pedido de informações	2 dias úteis	2 dias úteis	n/a

Política	Descrição / Orientação
Planeado Manutenção	• Todos os sistemas requerem manutenção. Os sistemas complexos podem ser concebidos de modo a incluir redundância suficiente para que a manutenção possa ser efectuada sem afetar o serviço. • A CSA pode, no entanto, descrever o "tempo de atividade" como uma percentagem de disponibilidade (por exemplo, 99,90%). Isto equivale a 8,5 horas de inatividade por ano. Os CSA podem declarar que isto não inclui "manutenção planeada". Assim, o fornecedor pode ter uma interrupção de serviço durante 8,5 horas, mais o tempo de manutenção, e o cliente não tem direito a compensação ao abrigo da CSA. Este facto realça a importância de definir a janela de medição. Se a percentagem de disponibilidade for medida todos os meses, são permitidas 12 interrupções, mas cada uma delas não pode durar mais de 42 minutos sem que seja aplicada uma penalização.
Subcontratados Serviços	• Por vezes, os fornecedores incluem na sua CSA uma cláusula segundo a qual a CSA de um fornecedor a montante (subcontratado) regerá os serviços prestados pelo Sibcontracot e que as únicas sanções disponíveis são as do fornecedor a montante, embora a sua CSA possa ser menos rigorosa. A expetativa do cliente, baseada na análise da CSA do seu fornecedor direto, pode assim ser violada. • Por conseguinte, o cliente deve certificar-se de que a CSA do prestador imediato declara inequivocamente que a sua CSA se aplica ao serviço completo, independentemente de partes do serviço serem provenientes de terceiros.
Software licenciado	• Os serviços de computação em nuvem podem incluir software licenciado de terceiros que é vendido numa base de licença mensal ao abrigo de um contrato de licença de fornecedor de serviços. Este software é atualizado regularmente pelo seu fabricante. • Os fornecedores podem optar por transferir a responsabilidade pela atualização do software licenciado para o cliente quando este tiver começado a utilizar o serviço. Deste modo, o fornecedor fica isento do risco de perturbar o funcionamento do cliente devido a um conflito ou erro de software imprevisto. • Em alternativa, o fornecedor pode "empurrar" a atualização, caso em que a CSA deve exigir que o cliente seja avisado com antecedência da atualização. O cliente deve ter a possibilidade de optar por não participar ou, pelo menos, de adiar a atualização. No entanto, o fornecedor pode não estar disposto a continuar a suportar versões mais antigas indefinidamente e deve haver uma exceção legítima para

	actualizações que corrijam vulnerabilidades de segurança graves.
Normas específicas do sector	• Os sectores regulamentados, como a administração pública, os serviços financeiros e os cuidados de saúde, estão sujeitos a normas específicas e, muitas vezes, bastante onerosas, que devem ser abordadas na CSA e na implementação. • Os clientes que operam nestes sectores regulamentados devem garantir que a sua equipa jurídica está totalmente envolvida na negociação do CSA.
Termos adicionais para diferentes regiões geográficas ou Países	- Os clientes devem considerar as origens e o mercado primário do fornecedor. Poderão ser necessários ajustamentos pormenorizados à CSA do mercado doméstico para abranger adequadamente os clientes localizados em mercados remotos. - A legislação em matéria de proteção de dados é um dos aspectos desta questão, mas os clientes não devem limitar a sua análise do acordo a este único aspeto.

Passo 3: Compreender as diferenças entre os modelos de serviço e de implementação

Os serviços oferecidos pelos fornecedores de serviços de computação em nuvem enquadram-se normalmente num dos três principais grupos de modelos de serviços: Infraestrutura como serviço (IaaS), Plataforma como serviço (PaaS) e Software como serviço (SaaS). Para cada categoria, existem diferenças significativas nos níveis de abstração dos recursos da nuvem, nos objectivos de nível de serviço e nos indicadores-chave de desempenho que poderão ser incluídos numa CSA. Além disso, o nível de clareza varia significativamente para cada modelo de serviço. Para aumentar a eficácia, os componentes específicos da CSA devem ser declarados em termos mensuráveis e devem incluir:

- O serviço a ser efectuado e as expectativas de resultados

- Indicadores-chave de desempenho (KPI) e o nível de serviço aceitável para cada um deles

- A forma como o serviço deve ser medido

- As partes envolvidas e as suas responsabilidades

- Orientações e requisitos para a apresentação de relatórios

- Incentivos para que o prestador de serviços cumpra os objectivos de qualidade acordados

O CSA é frequentemente o melhor indicador de como e com que frequência o fornecedor espera que o seu serviço falhe. Por conseguinte, os clientes devem lembrar-se de que o tempo de inatividade, o fraco desempenho, as violações de segurança e as perdas de dados são riscos que têm de suportar. É importante que os clientes seleccionem um fornecedor de serviços de computação em nuvem que os ajude com os pormenores do suporte das suas cargas de trabalho durante a transição para a computação em nuvem.

A Tabela 8 destaca as diferentes considerações da CSA para cada um dos modelos de serviços em nuvem.

Tabela 8: Considerações sobre a CSA para modelos de serviços

Modelo de serviço	Considerações sobre a CSA
IaaS	• Os CSAs de IaaS na nuvem são semelhantes aos SLAs para serviços de rede, alojamento e subcontratação de centros de dados. As principais questões dizem respeito ao mapeamento de requisitos de aplicação de alto nível em níveis de serviços de infraestrutura. • As métricas são bem compreendidas nas abstrações de IaaS (computação, rede e armazenamento). Os clientes devem esperar encontrar um subconjunto das seguintes métricas em seu SLA de nuvem. o Métricas de computação: *disponibilidade, duração da interrupção, tempo de reinicialização do servidor* o Métricas de rede: *disponibilidade, perda de pacotes, largura de banda, latência, jitter médio/máximo* o Métricas de armazenamento: *disponibilidade, entrada/saída por segundo, tempo máximo de restauração, tempo de processamento, latência com recurso de computação interna* • As métricas de computação normalmente excluem os níveis de serviço para o desempenho da computação. Aos clientes é simplesmente garantida a disponibilidade dos recursos de computação pelos quais pagaram. • Os clientes devem distinguir entre ambientes de desenvolvimento de IaaS e ambientes de produção de IaaS ao revisar seus contratos de serviço de IaaS na nuvem. Os ambientes de produção de IaaS normalmente exigem objetivos de nível de serviço mais rigorosos do que os ambientes de desenvolvimento de IaaS.
	- As métricas de rede em um SLA de nuvem geralmente abrangem a conetividade do data center do provedor de nuvem com a Internet como um todo, e não com qualquer provedor ou cliente específico. - Existem vários esforços de normalização no espaço IaaS que ajudam a descrever e a gerir os serviços oferecidos a este nível.[4] Sempre que possível, os clientes devem garantir que a CSA inclua disposições que exijam que seus provedores de nuvem ofereçam suporte a interfaces, formatos e protocolos de padrão aberto para aumentar a interoperabilidade e a portabilidade.
PaaS	- Existem duas abordagens principais para a criação de soluções PaaS: *soluções integradas e soluções baseadas na implementação*. Ao analisar o contrato de serviço PaaS, os clientes devem considerar as compensações em termos de flexibilidade, controlo e facilidade de utilização para determinar qual a abordagem que melhor satisfaz as suas necessidades comerciais. o As soluções integradas são ambientes de desenvolvimento acessíveis na Web que permitem aos programadores criar uma aplicação utilizando a infraestrutura e os serviços de middleware

suportados pelo fornecedor de serviços de computação em nuvem. O gerenciamento da aplicação e sua execução são controlados principalmente pelo provedor de nuvem. Normalmente, os programadores de serviços só têm acesso a um conjunto de APIs definido pelo fornecedor, que oferece um controlo limitado sobre a coordenação da execução do código.

o As soluções baseadas em implantação permitem a implantação de middleware em cima de recursos adquiridos de um provedor de nuvem IaaS, oferecendo serviços de implantação aos clientes que automatizam o processo de instalação e configuração do middleware.[5] Essas soluções PaaS oferecem um rico conjunto de recursos de gerenciamento, incluindo a capacidade de alterar automaticamente o número de máquinas atribuídas a um aplicativo e o auto-escalonamento de acordo com o uso do aplicativo.

- No mínimo, os SLA de IaaS devem ser integrados nos SLA de PaaS.

- Os clientes devem distinguir entre ambientes de desenvolvimento de PaaS e ambientes de produção de PaaS ao revisar seus contratos de serviço de PaaS na nuvem. Os ambientes de produção da PaaS normalmente exigem objetivos de nível de serviço mais rigorosos do que os ambientes de desenvolvimento da PaaS.

- Estão a surgir normas para ajudar a identificar os serviços PaaS oferecidos pelos fornecedores de serviços de computação em nuvem e interfaces normalizadas para comunicar com os fornecedores de PaaS para fornecer ou gerir PaaS

---

ambientes. Normas, como a OASIS Topology and Orchestration Specification for Cloud Applications (TOSCA)[6] , surgiram para abordar a portabilidade e a interoperabilidade entre fornecedores. Além disso, as ofertas de PaaS de código aberto, como o Cloud Foundry e o OpenShift, estão a começar a ganhar força no mercado.

- Os clientes devem garantir que a sua CSA inclui suporte para normas abertas, à medida que estas ficam disponíveis, para reduzir o bloqueio do fornecedor.

| SaaS | • Os clientes devem insistir em CSAs flexíveis que sejam mensuráveis em função dos seus objectivos e não das necessidades de comunicação dos fornecedores de serviços de computação em nuvem. |

• Dada a grande variação dos serviços prestados a nível de SaaS, é difícil fornecer uma lista exaustiva e representativa dos objectivos de nível de serviço de SaaS que os clientes devem procurar nas suas CSA.

• Os clientes devem esperar que os objectivos gerais de nível de serviço SaaS, como o *tempo de inatividade cumulativo mensal da aplicação, o tempo de resposta da aplicação, a persistência das informações do cliente* e a *escalabilidade automática,* sejam incluídos no seu CSA.

• Os clientes devem assegurar que os dados mantidos nos recursos de nuvem do fornecedor sejam armazenados utilizando formatos normalizados para garantir a portabilidade dos dados no caso de ser necessária uma mudança para um fornecedor diferente.

Para além dos modelos de serviço, os termos de implementação do serviço devem ser incluídos numa CSA. Estes termos devem clarificar a ambas as partes que assinam a CSA a informação necessária para verificar a correção das acções de implementação. Especificamente, estes termos devem identificar:

> Modelo de implantação

> Tecnologias de implantação adoptadas

O modelo de implantação incluído na CSA deve especificar claramente uma das seguintes opções: *Privado*, *Comunitário*, *Público* ou *Híbrido*. Os clientes devem estar bem informados sobre as caraterísticas e diferenças de cada um destes modelos de implementação, uma vez que o valor e o risco potenciais variam significativamente.

A Tabela 9 destaca as diferentes considerações sobre a CSA nos modelos de implantação.

Tabela 9: Considerações sobre CSA para modelos de implantação

Modelo de implantação	Considerações sobre a CSA
Privado (no local)	- As considerações de CSA para Privado (no local) são semelhantes às de um SLA de TI empresarial tradicional. No entanto, dado que os recursos do centro de dados podem ser partilhados por um maior número de utilizadores internos, os clientes têm de garantir que os objectivos críticos do serviço, como a disponibilidade e o tempo de resposta, são cumpridos através da medição e do acompanhamento contínuos.
Privado (externalizado)	• As considerações da CSA para os serviços privados (externalizados) são semelhantes às dos serviços privados (no local), exceto que os serviços de nuvem são agora fornecidos por um fornecedor de nuvem externo. O facto de os recursos de TI do fornecedor serem dedicados a um único cliente atenua os potenciais riscos de segurança e disponibilidade. • Os clientes devem garantir que a CSA especifica as técnicas de segurança para proteger o perímetro do fornecedor e a ligação de comunicações com o fornecedor. • Os clientes devem considerar a importância do serviço que está a ser implementado para justificar a despesa adicional deste modelo em relação ao modelo público.
Público	• As considerações de CSA para o modelo público são maiores do que para o modelo privado (externalizado), uma vez que os recursos de TI do fornecedor são agora partilhados por vários clientes. • Consequentemente, os clientes devem analisar cuidadosamente o CSA para compreenderem a forma como o fornecedor aborda os riscos adicionais de segurança, disponibilidade, fiabilidade e desempenho introduzidos pelo multilocatário. • A capacidade de medir e acompanhar objectivos específicos de nível de serviço torna-se mais importante no modelo de implantação pública. Os clientes devem também garantir que a CSA fornece métodos e processos adequados para a medição contínua.
Híbrido	• As considerações da CSA para o modelo híbrido são semelhantes às do modelo público, com uma maior probabilidade de requisitos de integração únicos entre a nuvem e os serviços empresariais. • Os clientes devem certificar-se de que a CSA cobre adequadamente os seus requisitos de integração de dados e serviços. Recomenda-se a utilização de um documento específico e normalizado

Para além de especificar o modelo de implantação, a CSA deve clarificar a forma como um serviço é disponibilizado aos utilizadores de serviços num determinado fornecedor de serviços em nuvem, por exemplo:

• Uma aplicação Web é implantada num servidor de aplicações como um ficheiro Web application ARchive (WAR).

• Uma aplicação de grelha é implementada num contentor de grelha como um ficheiro Grid ARchive (GAR).

• Uma máquina virtual é implantada em um provedor de IaaS como uma imagem de disco de máquina virtual que pode ser representada em um de muitos formatos diferentes. Recomenda-se a adoção e o suporte de normas como o Open Virtualization Format (OVF) da Distributed Management Task Force (DMTF).

Quando os CSA são assinados, deve ser especificada uma descrição clara das tecnologias envolvidas na implantação dos serviços. Note-se que existe uma relação estreita entre as tecnologias de implantação e o tipo de serviços que estão a ser oferecidos.

Passo 4: Identificar os objectivos críticos de desempenho

Os objectivos de desempenho no contexto da computação em nuvem estão diretamente relacionados com a eficiência e a precisão da prestação de serviços pelo fornecedor da nuvem. As considerações típicas de desempenho incluem a disponibilidade, o tempo de resposta e a velocidade de processamento, mas podem incluir muitas outras perspectivas de desempenho e de qualidade do sistema. Os clientes de nuvem devem decidir quais medidas são mais críticas para seus ambientes de nuvem específicos e garantir que essas medidas sejam incluídas em seu SLA.

As declarações de desempenho que são importantes para o cliente da nuvem devem ser mensuráveis e auditáveis, como todas as métricas, e documentadas no SLA, a fim de proporcionar discussões racionais entre as partes. Os factores de desempenho relevantes dependem do modelo de serviço (IaaS, PaaS ou SaaS) e do tipo de serviços fornecidos nesse modelo (por exemplo, serviços de rede, armazenamento e computação para IaaS). Para avaliar o desempenho de forma objetiva e estabelecer a confiança entre as partes, são necessárias medições claras e coerentes. Deve ser claro como cada métrica será utilizada e que decisões serão tomadas a partir das medições para alinhar o desempenho do serviço com metas e objectivos comerciais e técnicos específicos.

Esta secção centrar-se-á em duas métricas de desempenho: *disponibilidade* e *tempo de resposta*. A intenção é fornecer uma estrutura básica para identificar e definir métricas de nuvem significativas e consistentes. Essa estrutura pode então ser aplicada a outras métricas potenciais não abordadas neste documento. Embora muitas das métricas possam já ser suportadas pelo seu fornecedor de serviços em nuvem, ele pode interpretar a definição de forma diferente da sua. Uma definição acordada no contexto de uma solução de nuvem específica é fundamental. Pode ser necessária alguma calibração se uma medida capturada por um fornecedor não corresponder exatamente à definição incluída como parte do SLA.

As normas do sector devem ser utilizadas sempre que possível para melhorar a coerência. Por exemplo, o IEEE tem boas definições e categorizações de medidas para actividades como a manutenção.

Eis as definições geralmente aceites para as duas métricas de interesse:

• *Disponibilidade*. Percentagem de tempo de funcionamento de um serviço num determinado período de observação.

• *Tempo de resposta*. Tempo decorrido entre o momento em que um serviço é invocado e a sua conclusão (normalmente medido em milissegundos).

A Tabela 10 descreve três cenários de exemplo diferentes (disponibilidade de rede, disponibilidade de armazenamento e tempo de resposta do serviço) e as informações de desempenho específicas necessárias para cada um.

Tabela 10: Exemplos de disponibilidade e tempo de resposta

	Disponibilidade da rede (exemplo)	Disponibilidade de armazenamento (exemplo)	Tempo de resposta do serviço (exemplo)
Nome da métrica no SLA	Percentagem de rede disponível nas horas críticas de expediente	Percentagem de armazenamento disponível	Tempo de resposta do serviço XXX numa determinada hora; tempo de resposta do serviço YYY numa determinada hora.
Restrições	O tempo crítico é definido como 12AM GMT a 12PM GMT de segunda a sexta-feira	Nenhum	Os tempos de resposta só serão avaliados para os serviços XXX e YYY, que são serviços PaaS reutilizáveis que serão invocados por Ourapplications.
Método de recolha	Máquina	Máquina	Máquina

Coleção Descrição	Utilizar o DMTF, o OGF[12] , ou outra norma **para** recolher as medidas de forma consistente.	Utilizar o DMTF, OGF ou outra norma para recolher as medidas de forma consistente.	Utilizar o DMTF, o OGF ou outra norma para recolher as medidas de forma consistente.
Frequência de recolha	A rede é "pingada" de um em um minuto.	Os serviços de armazenamento específicos (leitura e atualização) são "pingados" aleatoriamente de um em um minuto.	Para cada serviço XXX e YYY invocado, o **tempo de** resposta é recolhido de cinco em cinco minutos.
Outras informações	Serão registados 60 segundos de tempo de atividade por cada "Ping" bem sucedido	Serão registados 60 segundos de tempo de atividade por cada "ping" bem sucedido	Cada serviço será registado separadamente. Serão calculadas médias horárias.
Esclarecimento	Nenhuma referência à qualidade ou disponibilidade de um serviço específico. Trata-se exclusivamente de uma medida da disponibilidade da rede.	Não há referência à qualidade ou disponibilidade de um serviço específico. Trata-se exclusivamente de uma medida da disponibilidade de armazenamento.	Não são necessários relatórios de serviços individuais (por exemplo, listagem de todos os serviços que excederam o tempo de resposta acordado no SLA).
Utilização 1 em SLA	A disponibilidade da rede deve ser de 99,5% ou superior entre as 12h00 GMT e as 12h00 GMT, de segunda a sexta-feira.	A disponibilidade do armazenamento deve ser de 99,9% ou superior	O tempo de resposta para o serviço XXX deve ser inferior a 500 ms, para o serviço YYY deve ser inferior a 200 ms.
Utilização 2 em SLA	Para qualquer dia em que a disponibilidade da rede seja inferior a 99,5%, será aplicado um desconto de 20% às tarifas de rede do dia inteiro.	Para qualquer dia em que a disponibilidade de armazenamento seja inferior a 99,9%, será **aplicado** um desconto de 50% aos custos de armazenamento do dia inteiro.	Se, numa determinada hora, os tempos de resposta indicados não forem cumpridos, todos os serviços desse tipo durante essa hora serão processados sem qualquer encargo.

Tanto o hardware como as instalações devem ser considerados ao avaliar os níveis críticos de desempenho num contexto de IaaS. O hardware inclui: computadores (CPU e memória), redes (routers, firewalls, switches, ligações e interfaces de rede), componentes de armazenamento (discos rígidos) e quaisquer outros elementos físicos da infraestrutura informática. As instalações incluem: aquecimento, ventilação e ar condicionado (HVAC), consumo e dissipação de energia, comunicações, cópias de segurança e outros aspectos da instalação física. No caso das soluções PaaS ou SaaS, pode presumir-se que a indisponibilidade ou o desempenho inferior de qualquer um destes componentes afectará os serviços globais, pelo que não é necessário especificá-los - as medições devem ser "de ponta a ponta", expressas em termos da experiência do utilizador.

Além disso, particularmente no caso do IaaS, os objectivos comerciais de nível superior podem ditar quais os recursos críticos que se enquadram no âmbito das métricas. Por exemplo, o consumo de energia ou a dissipação de calor podem ou não ser incluídos, dependendo de o cliente ter estabelecido um objetivo de pegada de carbono empresarial.

Em resumo, ao considerar as métricas de desempenho num SLA de nuvem, recomenda-se que os consumidores:

o Compreender os objectivos de desempenho a nível empresarial (por exemplo, reduzir o custo e o tempo de colocação no mercado por unidade de funcionalidade de software).

o Identificar as métricas que são críticas para alcançar e gerir os objectivos de desempenho a nível empresarial.

o Assegurar que estas métricas são definidas com o nível correto de granularidade que pode ser monitorizado numa base contínua (de uma forma rentável).

o Identificar normas que forneçam consistência nas definições de métricas e nos métodos de recolha. o Analisar e aproveitar as métricas numa base contínua como uma ferramenta para influenciar as decisões empresariais.

Etapa 5: Avaliar os requisitos de segurança e privacidade

Os controlos de segurança na computação em nuvem não são, em grande parte, diferentes dos controlos de segurança em qualquer ambiente de TI. No entanto, devido aos modelos de serviços em nuvem utilizados, aos modelos operacionais e às tecnologias utilizadas para permitir os serviços em nuvem, a computação em nuvem pode apresentar riscos diferentes para uma organização em relação às soluções de TI tradicionais.

Há duas categorias de activos que requerem a consideração da segurança e da privacidade para a computação em nuvem:

*   Informação (que pertence ao cliente mas foi transferida para a nuvem do fornecedor)

*   Aplicações, funções ou processos (que estão a ser executados na nuvem para fornecer o serviço necessário ao cliente)

Uma base necessária para a segurança, independentemente da utilização de uma solução em nuvem, é um *esquema de classificação de segurança* que se aplica em toda a empresa, com base na criticidade e sensibilidade dos dados da empresa. Este esquema deve incluir detalhes sobre a propriedade dos dados, a definição de níveis de segurança e controlos de proteção adequados e os requisitos de retenção e destruição de dados. O esquema de classificação deve ser utilizado como base para a aplicação de controlos de acesso, arquivo e métodos de cifragem.

Para determinar o nível de segurança necessário para um ativo específico, é necessária uma avaliação aproximada da sensibilidade e importância do ativo. Para cada ativo, devem ser colocadas as seguintes questões:

Como é que a empresa seria prejudicada se...

1.   O ativo tornou-se publicamente disponível e distribuído?

2.   Um funcionário do nosso fornecedor de serviços de computação em nuvem acedeu ao ativo?

3.   O processo ou função foi manipulado por um estranho?

4.   O processo ou função não produziu os resultados esperados?

5.   A informação foi alterada de forma inesperada?

6.   O ativo esteve indisponível durante um período de tempo?

A Tabela 11 abaixo destaca os principais passos que os clientes devem adotar para garantir que a sua CSA aborda suficientemente os seus requisitos de segurança únicos.

Tabela 11: Principais considerações de segurança para CSAs

Avaliar a sensibilidade dos activos e os requisitos de segurança operacional das aplicações	• Completar uma avaliação dos requisitos de confidencialidade, integridade e disponibilidade dos activos. • Efetuar uma avaliação do risco de ameaça e uma avaliação do risco de privacidade. • Abordar a segurança operacional das aplicações, os requisitos de disponibilidade e os requisitos de privacidade em resposta aos riscos identificados e em conformidade com a classificação dos dados, a arquitetura da informação, a arquitetura da segurança da informação e a tolerância ao risco da organização.
Compreender os requisitos legais/regulamentares residência de dados	Compreender as restrições regulamentares, contratuais e de outras jurisdições sobre as localizações lógicas e físicas dos dados.
Impor restrições contra movimentos não autorizados de activos e divulgação acidental	• Estabelecer políticas para restringir a transferência de dados sensíveis para serviços em nuvem por indivíduos ou departamentos sem a aprovação ou, no mínimo, a notificação dos departamentos de Segurança/Privacidade. • Tomar medidas para detetar esses dados não aprovados que são transferidos para serviços em nuvem: o Monitorizar grandes migrações de dados internos com monitorização da atividade da base de dados (DAM) e monitorização da atividade dos ficheiros (FAM) o Monitorizar os dados que se deslocam para a nuvem com filtros de URL e prevenção de perda de dados • Proteger os dados em trânsito. Todos os dados sensíveis que se deslocam para ou dentro

	da nuvem devem ser encriptados.
	• Proteger os dados em repouso Os volumes sensíveis devem ser encriptados para limitar a exposição a instantâneos ou o acesso não aprovado do administrador. Os dados sensíveis no armazenamento de objectos devem ser encriptados, normalmente com encriptação de pasta de ficheiros ou agente de cliente.
Estabelecer e acompanhar os indicadores de segurança	• Antes de passar para a computação em nuvem, devem ser estabelecidas métricas e normas para medir o desempenho e a eficácia da gestão da segurança da informação. • No mínimo, as organizações devem compreender e documentar as suas métricas actuais e a forma como estas serão alteradas quando as operações forem transferidas para a nuvem e quando um fornecedor puder utilizar métricas diferentes (potencialmente incompatíveis).[14]
Avaliar as capacidades de segurança do fornecedor de serviços de computação em nuvem	• Avaliar o nível de segurança do fornecedor de serviços de computação em nuvem e a sua maturidade. • Se for afirmada a conformidade com uma norma (por exemplo, ISO 27002/27017[15]), verificar o certificado de conformidade e a sua validade. - Procurar provas verificáveis da afetação de recursos, tais como orçamento e mão de obra para sustentar o programa de conformidade - Verificar os relatórios de auditoria interna e as provas das medidas de correção das conclusões
Avaliar a governação da segurança do fornecedor de serviços de computação em nuvem	- Avaliar os processos e capacidades de governação da segurança do fornecedor quanto à suficiência, maturidade e coerência com os processos de gestão da segurança da informação do cliente. o Os controlos de segurança da informação do prestador devem ser comprovadamente baseados no risco e apoiar claramente estes processos de gestão. o Quando um prestador não consegue demonstrar processos de gestão de riscos abrangentes e eficazes associados aos seus serviços, os clientes devem avaliar cuidadosamente a utilização do prestador, bem como as capacidades do próprio utilizador para compensar as potenciais lacunas na gestão de riscos. - Determinar se as garantias do fornecedor abordam adequadamente a sua segurança ■ α. é requisitos.
Auditar a conformidade da CSA de segurança do fornecedor de serviços de computação em nuvem	- Uma cláusula de "direito de auditoria" numa CSA dá aos clientes a capacidade de auditar o fornecedor de serviços de computação em nuvem, o que apoia a rastreabilidade e a transparência. - Utilizar uma especificação normativa na cláusula "direito de auditoria" para garantir a compreensão mútua das expectativas. - Com o tempo, este direito deverá ser suplantado por certificações de terceiros (por exemplo, impulsionadas pela ISO/I EC 27002/27017). Se o fornecedor de serviços de computação em nuvem não estiver disposto a submeter-se a uma auditoria do cliente, deve propor a utilização de um terceiro de confiança que siga um padrão normativo.

Os fornecedores devem notificar os consumidores da ocorrência de qualquer violação do seu sistema, independentemente das partes ou dos dados diretamente afectados. O fornecedor deve incluir informações específicas pertinentes na notificação, pôr termo à violação de dados o mais rapidamente possível, restabelecer o acesso seguro ao serviço o mais rapidamente possível, aplicar as melhores práticas forenses na investigação das circunstâncias e causas da violação e efetuar alterações a longo prazo na infraestrutura para corrigir as causas profundas da violação, a fim de garantir que esta não se repita. Devido aos elevados custos financeiros e de reputação resultantes de uma violação, os consumidores devem exigir que o fornecedor os indemnize se a violação for da sua responsabilidade (as cláusulas de indemnização contidas nos CSA do fornecedor são frequentemente redigidas ao contrário: destinam-se a proteger o fornecedor de serviços em nuvem de ser processado pelas consequências das acções dos clientes).

Privacidade

Em muitos países do mundo, várias leis, regulamentos e outros mandatos exigem que as organizações públicas e privadas protejam a privacidade dos dados pessoais armazenados em sistemas informáticos.

Quando os dados são transferidos para uma nuvem, a responsabilidade pela proteção e segurança dos dados continua a ser, normalmente, do responsável pelo tratamento ou do guardião desses dados, mesmo que, em algumas circunstâncias, essa responsabilidade possa ser partilhada com outros. Quando depende de terceiros para alojar ou processar os seus dados, o responsável pelo tratamento dos dados continua a ser responsável por qualquer perda, dano ou utilização indevida dos dados. É prudente, e pode ser legalmente exigido, que o responsável pelo tratamento das IPI e o processador das IPI (ou seja, o fornecedor de serviços de computação em nuvem) celebrem um acordo escrito (legal) que defina claramente as funções, as expectativas das partes e atribua entre elas as muitas responsabilidades que estão associadas aos dados em causa.

Se as questões de privacidade não forem adequadamente abordadas na CSA, o cliente da nuvem deve considerar meios alternativos para atingir os seus objectivos, incluindo procurar um fornecedor diferente ou não enviar dados sensíveis para a nuvem. Por exemplo, se o cliente desejar enviar informações cobertas pela HIPAA para a nuvem, ele precisará encontrar um provedor de serviços em nuvem que assinará um contrato de associado comercial da HIPAA ou não enviará esses dados para a nuvem.

A preservação de informações, incluída em alguns regulamentos de privacidade, pode exigir que grandes volumes de dados sejam mantidos por períodos prolongados. Quais são as ramificações deste facto ao abrigo da CSA? O que acontece se os requisitos de preservação ultrapassarem os termos da CSA? Se o cliente preservar os dados no local, quem paga o armazenamento alargado e a que custo? O cliente tem a capacidade de armazenamento ao abrigo do seu CSA? O cliente pode efetivamente descarregar os dados de uma forma forense para os poder preservar offline ou quase online? Estas são algumas das questões relacionadas com a privacidade que têm de ser abordadas na CSA.

O risco inverso também pode existir: as políticas de backup e recuperação de desastres de um fornecedor de serviços de computação em nuvem podem fazer com que cópias de dados ou códigos sejam mantidas para além do período de retenção pretendido pelo cliente. Isto pode ser um problema durante a fase de "descoberta" de um litígio. Uma parte pode alegar que determinados dados (por exemplo, cópias de e-mails antigos) foram apagados e a parte contrária pode descobrir que ainda existem nos backups feitos por um fornecedor de serviços em nuvem e intimar o fornecedor. Noutro cenário, um cliente da nuvem pode querer implementar o "direito a ser esquecido" de um utilizador final, mas descobrir que não tem capacidade para eliminar seletivamente a cópia de segurança dos registos do utilizador.

Os objectivos fundamentais de qualquer ambiente de computação em nuvem são a redução de custos, a melhoria da flexibilidade e o aumento da fiabilidade da prestação de um serviço. Para atingir esses objectivos, é essencial um sistema uniforme, simples, transparente e extensível para gerir e monitorizar os serviços em nuvem. Nesta secção, vamos delinear alguns aspectos fundamentais a considerar na área da gestão de serviços ao celebrar um contrato de serviços com um fornecedor de serviços de computação em nuvem.

Todos os sistemas informáticos requerem controlos internos, gestão, automatização e auto-cura para funcionarem no mundo interligado de hoje, uma área normalmente designada por Gestão do Desempenho das Aplicações, ou APM. Uma mudança para a nuvem continua a exigir estes elementos - talvez ainda mais. Embora as normas para a linguagem CSA para a gestão de serviços estejam a evoluir, é da maior importância incluir nos seus contratos disposições para as considerações descritas abaixo.

Auditoria

Em primeiro lugar e acima de tudo, para garantir a capacidade de gestão dos serviços em nuvem, existe uma metodologia para auditar e analisar esses serviços. Isto ajuda a discernir entre os fornecedores que são totalmente capazes de uma capacidade de gestão profunda e aqueles que fornecem apenas um simples verniz sobre as ofertas de outra pessoa. Como afirmado por muitos gestores experientes, as pessoas "fazem o que inspeccionamos, não o que esperamos".

O objetivo de qualquer termo da CSA no domínio da auditoria é múltiplo:

1.   Fornecer ao utilizador uma avaliação imparcial da sua capacidade de confiar no serviço prestado

2.   Avaliar a profundidade e a eficácia dos sistemas e medidas internas do prestador

3. Fornecer ferramentas para comparar os níveis de qualidade com outros fornecedores concorrentes

4. Assegurar a abertura necessária para permitir a revisão e a melhoria contínuas

5. Descobrir problemas na capacidade da sua própria organização para interagir com o fornecedor e fornecer serviços ininterruptos

Este último objetivo é especialmente importante. Muitos dos desafios documentados não se devem à capacidade de um fornecedor de serviços de computação em nuvem de prestar serviços a um cliente, mas à capacidade dos sistemas do cliente de interagir corretamente com a nuvem. Portanto, qualquer escopo de auditoria deve incluir tanto o provedor quanto quaisquer sistemas internos expostos à nuvem para garantir um "envelope" completo de integridade.

Ao considerar o âmbito de qualquer protocolo de auditoria, deve ir além dos termos e condições do contrato e garantir que está a abordar questões gerais de gestão e governação, incluindo os recursos necessários para mitigar quaisquer riscos encontrados. Por exemplo, não é suficiente incluir uma disposição para auditar regularmente a segurança e as chaves de encriptação, negligenciando apenas a atribuição de recursos internos, a programação, a revisão e os processos de aprovação necessários para realizar a auditoria e resolver quaisquer problemas decorrentes da mesma. Considere cuidadosamente a importância de aproveitar os métodos de auditoria e conformidade que já existem na sua organização e procure estendê-los à nuvem em vez de criar novos.

Monitorização e relatórios

A transparência do nível de serviço é extremamente importante para um protocolo de gestão de serviços bem-sucedido. Embora todos os fornecedores de serviços de computação em nuvem ofereçam sistemas diferentes para visualizar os dados e as suas implicações (baseados na Web, no correio eletrónico, em tempo real, reactivos, baseados em portais), os clientes devem exigir de qualquer CSA um conjunto mínimo de capacidades:

1. *Gestão do desempenho da nuvem*. Este domínio centra-se nos tempos de resposta dos sistemas dentro da arquitetura da nuvem e entre a nuvem e os sistemas dos utilizadores-alvo.

2. *Desempenho de carga máxima*. Esse domínio se concentra em medições e tempos para quando a nuvem está sob estresse, seja intencional ou não. Como os sistemas podem ter desempenhos diferentes quando estão sob cargas diferentes, e as interações e dependências de uma nuvem complexa muitas vezes são desconhecidas de antemão, é importante visualizar os dados tanto em um estado estável quanto sob carga.

3. *Desempenho híbrido e entre nuvens*. Como muitas nuvens consistem em diferentes

subsistemas, muitas vezes provenientes de diferentes provedores de nuvem, é fundamental visualizar dados sobre as interações entre esses componentes de nuvem híbrida.

4. *Desempenho das aplicações.* Este domínio centra-se nas aplicações executadas a partir da nuvem, em particular nos parâmetros de referência do processamento interno, bem como na medição da experiência do utilizador final.

5. *Notificação de problemas.* Este domínio se concentra no monitoramento e na comunicação de falhas e problemas com o sistema de nuvem. São abordadas questões de priorização, notificação e avaliação do nível de gravidade.

Embora os parâmetros de referência em cada uma destas áreas estejam a evoluir, garantir que a sua CSA inclui a capacidade de ver, avaliar e reagir às medições nestas áreas ajudará a manter a sua infraestrutura de nuvem a funcionar sem problemas.

Medição e contagem

Uma caraterística fundamental de muitos serviços em nuvem é um modelo a pedido, em que os serviços utilizados são facturados à medida que são consumidos, com base no tempo ou na capacidade. Por conseguinte, é importante ter confiança e transparência no sistema de medição e contagem empregue pelos fornecedores de serviços de computação em nuvem, tal como consta do CSA que negoceia. No mínimo, deve garantir que os sistemas de medição utilizados pelos seus fornecedores de serviços em nuvem incluem:

1. Garantia de uma faturação exacta e uma metodologia para tratar objecções ou contestações a qualquer faturação automatizada por contador

2. A capacidade de separar diferentes serviços em diferentes métodos de faturação: por exemplo, os testes de desempenho, a análise, a verificação de segurança, a cópia de segurança e os ambientes de trabalho virtuais podem ser medidos de forma diferente e medidos separadamente.

3. Capacidade de lidar com questões fiscais de geografia para geografia e de utilizador para utilizador. Uma vez que cada país e município implementou abordagens diferentes à tributação do comércio em linha, o seu fornecedor deve ser capaz de discernir entre estas fontes de utilização e medi-las de forma independente.

Aprovisionamento

Embora a auditoria, a monitorização, a medição e a medição estejam relacionadas principalmente com as caraterísticas de poupança de custos da nuvem, o aprovisionamento é um fator essencial para a maior flexibilidade que advém da nuvem. No entanto, não deixa de ter as suas próprias qualidades únicas que devem ser traduzidas na sua CSA:

1. *Velocidade de provisionamento principal*. Como parte de uma CSA, deve haver expectativas básicas sobre a velocidade de implementação de novos sistemas, novos dados, novos utilizadores, novos ambientes de trabalho ou qualquer função que seja essencial para o serviço fornecido pelo fornecedor da nuvem.

2. *Personalização*. Não é comum que qualquer método de modelo de aprovisionamento rápido possa ser usado "fora da caixa" sem configuração e personalização. Sem uma gestão cuidadosa das expectativas e dos níveis contratuais para esta função, quaisquer poupanças obtidas pelo aprovisionamento rápido automatizado podem evaporar-se face a atrasos nas personalizações após a implementação.

3. *Testes*. Importante para qualquer CSA forte são as disposições para testar a implementação e o escalonamento automatizados antes da necessidade. Isto é particularmente importante em áreas em que o aprovisionamento é utilizado em situações de recuperação de desastres ou de cópia de segurança.

4. *Flexibilidade da procura*. De nada serve ter uma solução técnica para um aprovisionamento rápido se o sistema não for capaz de um desprovisionamento dinâmico para fazer face a uma quebra na procura.

Esta não é uma lista exaustiva de considerações, apenas os requisitos básicos de qualquer definição contratual de provisionamento rápido. Cada organização terá de acrescentar os seus próprios tópicos adicionais, especialmente para diferentes sectores ou aplicações de TI executadas na nuvem.

Gestão da mudança

A mudança é uma parte inevitável de qualquer sistema de TI, e a nuvem não é diferente. Felizmente, há pouco de especial na nuvem no que diz respeito às considerações para a gestão de mudanças. Os procedimentos de pedido, revisão, teste e aceitação de alterações pouco diferem dos já utilizados noutros contratos de subcontratação de TI e acordos de outsourcing. A única questão única é a sensibilidade que muitos têm às mudanças que têm implicações potencialmente radicais, como a nuvem. Neste caso, deve ter-se o cuidado de gerir cuidadosamente o processo.

Actualizações e correcções

Um subconjunto da gestão da mudança são as actualizações ou melhorias nos serviços contratados existentes, como quando é necessária uma atualização ou correção, ou quando é lançada uma nova versão de um sistema de gestão subjacente ou de uma aplicação SaaS. Nestes casos, é importante delinear no seu CSA um conjunto de passos básicos para estas necessidades inevitáveis.

1.   **Responsabilidade pelo desenvolvimento das alterações solicitadas.** Deve haver um conjunto de responsabilidades claramente definido sobre qual parte está na liderança para diferentes tipos de atualizações. Por exemplo, se a atualização depender de muitos subsistemas ou pessoas internas de uma organização, não na nuvem, pode ser aconselhável centralizar as responsabilidades na organização contratante em vez de no provedor de nuvem. Por outro lado, se a maior parte da atualização ocorrer com o pessoal do provedor de nuvem dentro do espaço da nuvem, é provável que o provedor assuma a responsabilidade principal.

2.   **Processo para identificar um cronograma para desenvolver, testar e implementar a mudança.** Deve existir uma "cadeia de comando" claramente definida e um plano de projeto para todas as alterações efectuadas no ambiente de computação em nuvem, com recursos adequados e calendarização para garantir contingências razoáveis e a resolução de problemas. Também aqui, pouco difere uma solução de computação em nuvem de uma solução de TI tradicional, com exceção da maior ansiedade e escrutínio que a nuvem atrai atualmente. Em muitos aspectos, trata-se apenas de uma extensão especial das políticas de gestão da mudança que já deveriam estar em vigor.

3.   **Processo de resolução de problemas resultantes da mudança.** Uma vez que os problemas podem muitas vezes ser agravados e resultar de múltiplos factores, tanto dentro como fora da nuvem, um esboço de procedimentos de atualização baseado na CSA deve incluir um conjunto claramente definido de responsabilidades e métodos para resolver problemas introduzidos por qualquer atualização.

4.   **Processo de retrocesso se as alterações provocarem grandes falhas.** Mesmo os planos mais bem elaborados muitas vezes encalham nas rochas da realidade. Os fornecedores de serviços em nuvem devem incorporar automaticamente pontos de verificação de reversão em todo o plano de atualização, a fim de "desligar a ficha" e restaurar qualquer atualização ao seu estado inicial, caso surja um problema inesperado e insolúvel durante o procedimento de atualização. Ao longo do processo, devem ser realizadas reuniões de comunicação regulares para manter ambas as partes em sincronia.

Passo 7: Preparar a gestão de falhas de serviço

A gestão de falhas de serviço descreve o que acontece quando a entrega esperada de um serviço em nuvem não ocorre. As capacidades do serviço em nuvem e as expectativas de desempenho devem ser explicitamente documentadas na CSA, conforme descrito no Passo 4. É importante notar que o termo "falha de serviço" pode abranger uma série de coisas diferentes, desde a indisponibilidade completa do serviço de computação em nuvem, passando por tempos de resposta que são mais longos do que os prometidos no SLA, até respostas de erro a pedidos de serviço válidos feitos pelos utilizadores. A gestão de falhas de serviço abrange actividades tanto do cliente do serviço de computação em nuvem como do fornecedor do serviço de computação em nuvem.

A gestão de falhas de serviço começa com a deteção e o alerta de que ocorreu uma falha. O cliente do serviço em nuvem deve garantir que as falhas do serviço em nuvem possam ser detectadas. O provedor de serviços em nuvem pode fornecer recursos de monitoramento do serviço ao cliente do serviço em nuvem e pode, além disso, fornecer alertas ao cliente quando ocorrerem falhas no serviço em nuvem. No entanto, o cliente do serviço de computação em nuvem deve determinar se os recursos de monitoramento e alerta fornecidos (se houver) atendem aos requisitos do cliente. O cliente do serviço de computação em nuvem pode, muitas vezes, ter de implementar o seu próprio conjunto de capacidades de monitorização e de alerta do serviço de computação em nuvem para garantir que todas as potenciais falhas do serviço de computação em nuvem importantes para o cliente sejam detectadas.

Assim que uma falha no serviço de computação em nuvem for detectada, o cliente do serviço de computação em nuvem deve garantir que um sistema de gestão esteja em vigor para alertar a equipe apropriada do cliente, para relatar a falha ao provedor de serviços de computação em nuvem (presumindo que a falha não tenha sido detectada e relatada pelo provedor) e para colocar em ação quaisquer processos para mitigar a falha. Para alguns serviços de computação em nuvem e para alguns tipos de falha de serviço, o cliente do serviço de computação em nuvem pode precisar de fornecer provas adequadas ao fornecedor de serviços de computação em nuvem de que ocorreu uma falha. O cliente do serviço de computação em nuvem deve acompanhar a evolução de cada falha comunicada e, se a falha não for rectificada dentro dos prazos estabelecidos, deve ser seguido um processo de escalonamento.

O cliente do serviço de computação em nuvem deve compreender os procedimentos de gestão de falhas do serviço do fornecedor de serviços de computação em nuvem:

•   O processo de comunicação das falhas detectadas pelo cliente

•   O processo que o prestador seguirá para resolver uma falha comunicada

•   Os prazos para a adoção de medidas corretivas

•   O processo que o fornecedor de serviços de computação em nuvem seguirá após uma falha para melhorar as operações do fornecedor e evitar que a falha ocorra novamente

O planeamento de falhas do serviço de computação em nuvem por parte do cliente do serviço de computação em nuvem também implica, muitas vezes, a existência de um plano de recuperação de desastres, que será posto em prática se a falha do serviço de computação em nuvem for suscetível de ter um impacto significativo na empresa.

Remédios

A principal solução para a falha do serviço são os créditos de serviço. Estes são normalmente baseados em uma porcentagem das taxas pagas pelo cliente do serviço de nuvem durante o ciclo de faturamento. A percentagem real varia consoante o fornecedor de serviços de computação em nuvem e a natureza do próprio serviço de computação em nuvem. No entanto, é comum que esses créditos de serviço não excedam 100% das taxas pagas. Isso pode fazer com que os créditos de serviço não sejam proporcionais ao custo do negócio ou ao risco para o cliente do serviço em nuvem.

Limitações

No contrato de serviço de cada fornecedor de serviços em nuvem, pode haver limitações de responsabilidade para determinados tipos de interrupções de serviço. Embora estas possam variar consoante o fornecedor, uma amostra de vários fornecedores importantes partilhou as seguintes exclusões:

- Interrupções programadas ou de emergência

- Actos de força maior

- Suspensão do serviço por motivos jurídicos

- Problemas de acesso à Internet fora do controlo do fornecedor

Para além das limitações comuns e partilhadas, há fornecedores de serviços de nuvem que também podem referir que o tempo de inatividade programado está excluído das métricas de CSA.

Funções / Responsabilidades

As funções da gestão de falhas do serviço de computação em nuvem estão descritas na Arquitetura de Referência da Computação em Nuvem ISO/IEC 17789 [4]. O administrador do serviço de computação em nuvem tem a responsabilidade de conduzir o processo de gestão de incidentes e, portanto, precisa receber um alerta quando uma falha de serviço é detectada. Partindo do princípio de que a falha do serviço está a afetar a utilização do serviço pelo cliente, o administrador do serviço de computação em nuvem irá envolver o processo de gestão de incidentes do fornecedor do serviço de computação em nuvem, conforme descrito no contrato de serviço.

Do lado do cliente do serviço em nuvem, podem estar envolvidas outras funções, incluindo o serviço de assistência e o integrador do serviço em nuvem. O serviço de assistência deve estar ciente da falha do serviço, do impacto provável e do tempo estimado para a resolução, de modo a poder responder a perguntas sobre o serviço de computação em nuvem dos utilizadores do serviço de computação em nuvem. O integrador do serviço de computação em nuvem seria contratado para fazer a triagem da falha do serviço e, potencialmente, propor soluções ou soluções alternativas para reduzir o impacto nos negócios do cliente.

Processos de monitorização e notificação

A monitorização de uma falha de serviço pode ser efectuada de duas formas.

1.   O cliente do serviço de computação em nuvem implementa sistemas que monitorizam a utilização do serviço de computação em nuvem pelo cliente. O conceito é que o cliente não depende de nenhuma capacidade do provedor de serviços em nuvem e, em vez disso, coloca instrumentação de alguma forma nos componentes do lado do cliente que utilizam o serviço em nuvem. Isso pode, por exemplo, envolver o encaminhamento de todas as solicitações do cliente para o serviço em nuvem por meio de um componente instrumentado, como um barramento de serviços empresariais (ESB). As solicitações feitas ao serviço de nuvem podem, então, ser monitoradas quanto ao sucesso ou fracasso, aos seus tempos de resposta e a quaisquer outras caraterísticas importantes para o cliente. Um conjunto de regras pode ser colocado em prática para determinar se há uma falha no serviço e um processo de alerta invocado quando uma falha no serviço é detectada.

2.   O fornecedor de serviços de computação em nuvem dispõe de um sistema de monitorização de serviços de computação em nuvem que possui uma interface que permite ao cliente do serviço de computação em nuvem monitorizar o comportamento do serviço de computação em nuvem e receber alertas em caso de falha do serviço. Estes alertas devem ser integrados no sistema de alerta do cliente do serviço de computação em nuvem. Um alerta seria enviado ao cliente do serviço de computação em nuvem quando ocorresse uma falha no serviço - mas o cliente do serviço de computação em nuvem deve entender que tipo de falhas são notificadas por meio desse processo e pode ser que nem todas as falhas de serviço importantes para o cliente sejam notificadas. Ao receber uma notificação, o cliente do serviço de computação em nuvem deve seguir o seu processo de gerenciamento de falha de serviço estabelecido.

Para um serviço em nuvem típico, é provável que o cliente do serviço em nuvem utilize ambas as abordagens para o monitoramento do serviço em nuvem. Em alguns casos, a monitorização do fornecedor do serviço de computação em nuvem não existirá ou será inadequada para o cliente. Noutros casos, pode haver factores que só podem ser monitorizados pelo cliente, como o efeito da ligação à Internet de e para o serviço de computação em nuvem.

Para a notificação de uma falha de serviço, na situação ideal, deve haver uma interface automatizada bidirecional entre o cliente do serviço de computação em nuvem e o fornecedor do serviço de computação em nuvem que seja utilizada para transmitir notificações de uma falha de serviço em ambas as direcções. Isto permite que ambas as partes tomem conhecimento da falha do serviço. No caso de a notificação bidirecional não ser fornecida, o cliente do serviço de computação em nuvem deve esperar que exista uma facilidade para o cliente comunicar uma falha de serviço ao fornecedor do serviço de computação em nuvem - e um processo para o cliente acompanhar o que está a acontecer em relação a cada falha de serviço comunicada.

A recuperação de desastres é um subconjunto da continuidade do negócio e centra-se nos processos e na tecnologia para retomar as aplicações, os dados, o hardware, as comunicações (como a rede) e outras infra-estruturas de TI em caso de desastre. O termo "catástrofe" refere-se a uma catástrofe natural ou a acontecimentos provocados pelo homem que têm um impacto na disponibilidade da infraestrutura de TI ou dos sistemas de software.

É comum ver uma falsa sensação de segurança entre os clientes da nuvem em relação ao planeamento da recuperação de desastres. O facto de as empresas subcontratarem a infraestrutura (IaaS), as aplicações (SaaS) ou as plataformas (PaaS) a fornecedores de serviços na nuvem não as isenta da necessidade de um planeamento sério de desastres. Cada empresa é única na importância que atribui a determinadas infra-estruturas/aplicações, pelo que um plano de recuperação de desastres na nuvem é específico para cada organização e os objectivos comerciais devem desempenhar um papel importante na determinação da especificidade do planeamento da recuperação de desastres.

O processo de elaboração de um plano de recuperação de desastres começa com a identificação e priorização de aplicações, serviços e dados, e com a determinação, para cada um deles, da quantidade de tempo de inatividade aceitável antes de haver um impacto comercial significativo. A prioridade do serviço, os objectivos de tempo de recuperação (RTOs) e os objectivos de ponto de recuperação (RPOs) necessários determinarão a abordagem global da recuperação de desastres. Por exemplo, em algumas aplicações, manter o tempo de atividade pode ser mais importante do que ter os dados replicados com precisão a partir do último momento de falha. Além disso, embora os SLAs de 99%+ de tempo de atividade sejam comuns na computação em nuvem (aproximadamente 4 dias de tempo de inatividade por ano), podem não ser adequados para necessidades específicas de aplicações e negócios.

Em geral, as actuais CSA oferecem garantias inadequadas em caso de interrupção do serviço devido a uma catástrofe. A maioria dos CSAs fornece um tratamento superficial das questões, procedimentos e processos de recuperação de desastres. Dito isto, é raro que as PME desenvolvam internamente a extensa infraestrutura de recuperação de desastres dos grandes e estabelecidos fornecedores de serviços em nuvem.

Apesar das limitações das CSA, os adoptantes da computação em nuvem devem abordar as principais questões/problemas de recuperação de desastres com os seus fornecedores de serviços no início do processo de adoção da computação em nuvem. As principais áreas a serem abordadas com os provedores de nuvem são:

- Como é definida a interrupção de serviço?

- Que nível de redundância existe para minimizar os cortes de energia, incluindo a co-localização de serviços em diferentes regiões geográficas?

- Haverá necessidade de um período de inatividade programado?

- Quem tem o ónus da prova para comunicar as interrupções? Pode ser difícil de provar em caso de conflitos com os fornecedores de serviços de computação em nuvem.

- Qual é o processo que será seguido para resolver incidentes não planeados?

- Como é que os incidentes não planeados serão evitados ou reduzidos?

- Quando é que começa a contar o tempo da falta de disponibilidade de serviço para medir os créditos de serviço?

- Como serão documentados ou registados os incidentes?

- Que medidas serão tomadas no caso de uma interrupção prolongada ou de uma interrupção com um impacto comercial grave?

- Qual é o processo de realização de testes de recuperação de desastres e com que frequência são efectuados os testes? Os relatórios dos testes são fornecidos aos clientes e os testes são automatizados?

- Qual é o processo de encaminhamento de problemas?

- Quem são os principais contactos do prestador de serviços e do cliente (nome, número de telefone, endereço de correio eletrónico)?

- Qual é o plano de emergência durante uma catástrofe natural?

- Como é que o cliente é compensado por uma interrupção? É de notar que os fornecedores de serviços de computação em nuvem têm limites para a indemnização máxima prevista em caso de interrupção e que a indemnização é uma solução insignificante em caso de interrupção grave.

• O fornecedor de serviços de computação em nuvem oferece seguro de nuvem para reduzir as perdas do utilizador em caso de falha? Embora este seja um conceito novo, alguns dos principais fornecedores de serviços na nuvem já estão a trabalhar com fornecedores de seguros.

As respostas às perguntas acima serão altamente específicas para determinadas organizações e para as suas necessidades específicas de recuperação de desastres. Para as grandes empresas, as perguntas mencionadas acima podem ser utilizadas como uma estrutura para procurar uma componente de recuperação de desastres mais forte num CSA negociado. É importante enfatizar que isso só é possível para grandes empresas com grandes contratos. Os fornecedores de serviços em nuvem estabelecidos são bastante resistentes a alterar os CSA existentes.

Há um grande número de eventos que podem ter um impacto negativo na disponibilidade dos serviços em nuvem fornecidos pelos clientes. Embora o detalhamento de todos eles esteja fora do escopo desta seção, algumas das áreas importantes que os clientes de nuvem devem considerar são as áreas de segurança/deteção de intrusão, negação de serviço, viabilidade de um provedor de nuvem, propriedade e recuperação de dados. Como exemplo para realçar o acima exposto, considere uma empresa que utiliza SaaS para aplicações críticas, tais como gestão de encomendas, faturação ou ERP. O utilizador da nuvem enfrentará grandes obstáculos tecnológicos para mudar para outro fornecedor em caso de desastre, como uma falha financeira do fornecedor da nuvem. Os utilizadores da nuvem devem dar prioridade à resolução das principais contingências em caso de tal evento. É fundamental esclarecer questões como o acesso aos dados e à aplicação em tempo útil.

Embora, na maioria dos casos, as empresas possam recuperar os dados da aplicação de um fornecedor de SaaS estabelecido, a lógica empresarial e os sistemas de software serão deixados para trás. Uma solução é implantar o software SaaS no local e executá-lo internamente - claramente uma solução difícil e arriscada de implementar. Assim, apesar de um bom planeamento, em alguns casos não existem soluções fáceis para eventos negativos. O desenvolvimento de normas de dados e metadados em domínios de aplicação específicos poderia trazer benefícios consideráveis para os clientes e permitir-lhes migrar para diferentes soluções SaaS em caso de desastre. No entanto, o desenvolvimento de tais normas está em conflito direto com os interesses de muitos fornecedores e levará tempo a concretizar-se.

Também é importante entender que a atenuação de riscos relacionada à recuperação de desastres para soluções de nuvem também dependerá do tipo específico de nuvem (IaaS, SaaS etc.). Em comparação com o exemplo do SaaS acima, no caso de um evento negativo para uma aplicação executada em um IaaS, o cliente pode implementar um conjunto diferente de soluções. Um exemplo de solução seria arquitetar a aplicação para continuar a funcionar em caso de falha de um recurso individual (por exemplo, falha do servidor, falha do armazenamento, falha da rede, etc.) ou, no caso de uma falha significativa da infraestrutura, utilizar locais quentes/quentes numa zona geográfica diferente ou numa nuvem completamente diferente. O ponto-chave a compreender é que os riscos e as soluções associados a eventos negativos serão diferentes para SaaS, IaaS e PaaS.

Quando se trata de recuperação de desastres, a nuvem pública apresenta um paradoxo de due diligence. Embora existam inúmeras opções para a implementação da recuperação de desastres e a nuvem possa simplificar a TI da empresa ao abstrair grande parte da complexidade, também aumenta a dificuldade de realizar uma diligência devida abrangente, incluindo o teste dos procedimentos de recuperação de desastres. A falta dessa diligência, acompanhada de CSAs fracas, representa um risco potencial na área da continuidade das actividades e da recuperação de desastres. Assim, as empresas devem considerar o desenvolvimento e o teste de um plano de recuperação de desastres como uma parte importante da mudança para a nuvem. As empresas podem considerar a utilização de normas de continuidade do negócio/recuperação de desastres como parte dos seus esforços de planeamento. As normas existentes, como a BS 25999:2007, NFPA 1600:2010, NIST SP 800-34, ASIS SPC.1-2009, ISO 27031 e ISO 24762, podem ser um ponto de partida eficaz para o planeamento da recuperação de desastres.

Análise de Impacto no Negócio (BIA)

A tarefa fundamental da análise do impacto na atividade (BIA) é compreender quais os processos da sua empresa que são vitais para as suas operações em curso e compreender o impacto que a interrupção desses processos teria na sua atividade. Do ponto de vista das TI, tal como o National Institute of Standards and Technology (NIST) o considera: "O objetivo da BIA é correlacionar componentes específicos do sistema com os serviços críticos que fornecem e, com base nessa informação, caraterizar as consequências de uma perturbação nos componentes do sistema."

De acordo com o Business Continuity Institute (www.thebci.org), um líder reconhecido na gestão e certificação da continuidade do negócio, existem quatro objectivos principais da análise do impacto no negócio:

> Compreender os objectivos mais críticos da organização, a prioridade de cada um e o prazo para os retomar após uma interrupção não programada.

> Informar uma decisão de gestão sobre a interrupção máxima tolerável (MTO) para cada função.

> Fornecer as informações sobre os recursos a partir dos quais pode ser determinada/recomendada uma estratégia de recuperação adequada.

> Descrever as dependências existentes, tanto internas como externas, para atingir os objectivos críticos.

A análise de impacto comercial é o processo de descobrir quais os processos que são críticos para o sucesso contínuo da empresa e compreender o impacto de uma perturbação nesses processos. São utilizados vários critérios, incluindo o serviço ao cliente, as operações internas, as questões legais ou regulamentares e as questões financeiras. Do ponto de vista das TI, o objetivo é compreender as funções críticas da empresa e relacioná-las com os vários sistemas de TI. Como parte desta avaliação, as interdependências precisam de ser totalmente compreendidas. Compreender estas interdependências é fundamental tanto para a recuperação de desastres como para a continuidade do negócio, especialmente numa perspetiva de TI.

Conduzindo uma análise de impacto nos negócios (BIA), identificamos a criticidade e o objetivo de tempo de recuperação (RTO) para cada serviço (ou seja, o período máximo de tempo que a organização pode permitir-se ficar sem o serviço). Também podemos estabelecer o objetivo de ponto de recuperação (RPO) (ou seja, o ponto até ao qual os dados devem ser recuperados - por exemplo, no início do dia, no final do dia ou num ponto de controlo). Os resultados deste processo constituirão a base dos requisitos do SLA para a disponibilidade e fiabilidade (o número de incidentes de interrupção) de cada serviço. Se já tiver sido efectuada uma BIA para fins de continuidade do negócio, esta deve ser adaptada a quaisquer SLAs existentes, de modo a torná-los compatíveis com

o plano de continuidade da atividade. O mesmo se aplica aos fornecedores externos: por exemplo, podemos ter um requisito de 99,5 por cento de disponibilidade (numa operação 24/7, isto equivale a cerca de quatro horas de inatividade por ano). Um contrato de manutenção para apoiar esta atividade que permita quatro horas para chegar ao local é simplesmente inadequado.

A análise do impacto nas empresas inclui as etapas enumeradas anteriormente, mas podemos dividi-las em algumas actividades ou etapas mais discretas:

1.	Identificar os principais processos e funções empresariais.

2.	Estabelecer requisitos para a recuperação da atividade.

3.	Determinar as interdependências dos recursos.

4.	Determinar o impacto nas operações.

5.	Desenvolver prioridades e classificação de processos e funções empresariais.

6.	Desenvolver requisitos de tempo de recuperação.

7.	Determinar o impacto financeiro, operacional e jurídico da perturbação.

Os resultados podem ser ordenados por níveis. Uma instituição financeira pode, por exemplo, definir os níveis da seguinte forma

Nível 1: requisito de disponibilidade contínua: 99,999% de disponibilidade, máximo de uma interrupção e quatro minutos de inatividade por ano.

Nível 2: Alta disponibilidade, máximo de uma interrupção por ano, máximo de quatro horas de interrupção por ano.

Nível três: Recuperação essencial em 24 horas; máximo de três interrupções por ano.

Nível quatro: Recuperação exigida no prazo de 3 dias; máximo de quatro interrupções por ano

Quinto nível: Recuperação retardada - todos os outros serviços.

Etapa 9: Desenvolver um processo de governação eficaz

A utilização de serviços de computação em nuvem por um cliente de serviços de computação em nuvem significa que a organização cliente está a colocar algumas partes das suas operações de TI - e, por conseguinte, parte dos seus processos empresariais - nas mãos de fornecedores externos, sob a forma de um ou mais fornecedores de serviços de computação em nuvem. Como resultado da(s) interface(s) entre o cliente e o fornecedor, é necessária uma governação forte e pormenorizada da utilização dos serviços de computação em nuvem por parte do cliente.

A primeira parte do processo de governação envolve o controlo e a supervisão das etapas anteriores descritas neste guia prático, que fornecem os fundamentos necessários para a seleção e a utilização dos serviços em nuvem. A segunda parte do processo de governação é a revisão regular e contínua da utilização de cada serviço de computação em nuvem, para garantir que cumpre os requisitos comerciais e para assegurar a satisfação dos utilizadores internos e externos com os serviços de computação em nuvem e com as aplicações neles desenvolvidas. O processo de governação também deve lidar com a alteração dos requisitos empresariais e dos utilizadores e também com quaisquer alterações ao(s) serviço(s) de computação em nuvem que possam ser feitas pelo fornecedor de serviços de computação em nuvem.

O quadro 12 destaca os elementos-chave necessários para o funcionamento de um processo de governação bem sucedido.

Table 12:Processo de governação

Elemento	Descrição
Avaliação periódica dos níveis de serviço de computação em nuvem alcançados em relação à CSA acordada	• Relatórios do fornecedor de serviços de computação em nuvem sobre os níveis de serviço de computação em nuvem • Relatórios de monitorização da utilização do serviço de computação em nuvem criados pelos administradores do serviço de computação em nuvem do cliente
Avaliação periódica da conformidade do serviço de computação em nuvem	- Quando a conformidade do serviço de computação em nuvem com normas ou regulamentos específicos é importante para o cliente, é necessário que o processo de governação do cliente verifique periodicamente se o serviço de computação em nuvem ainda tem uma prova válida de conformidade.
Relatórios de falhas de serviço	- Relatórios de quaisquer falhas de serviço ou incidentes que afectem o Disponibilidade do serviço o Segurança, nomeadamente violações da segurança

	o Proteção de dados pessoais
Notificação de alterações do fornecedor de serviços computação em nuvem	Quaisquer notificações de alteração do prestador de serviços de computação em nuvem relacionadas com os serviços de computação em nuvem que estão a ser utilizados (alteração das API, alteração da funcionalidade, alteração dos objectivos de nível de serviço, alteração dos preços dos serviços de computação em nuvem, alteração dos termos da CSA)
Relatórios de indicadores-chave	Devem ser controlados quatro indicadores-chave para garantir que os critérios de CSA estão a ser cumpridos e que os utilizadores a jusante do serviço (internos ou externos à empresa) estão a usufruir do nível de serviço acordado: • Problemas de grande impacto e tempo de resolução • Número de problemas em aberto e respetivo impacto • Vista total dos problemas não resolvidos dentro dos prazos acordados • Tendências do número de problemas comunicados com as resoluções resultantes
Relatórios de problemas	Para garantir a conformidade com a CSA, é necessário elaborar um conjunto de relatórios: - Os relatórios que se centram no período de referência atual abordam: o Todos os problemas comunicados (ordenados por impacto) o Problemas encerrados (ordenados por impacto) O Duração dos problemas em aberto (ordenados por impacto)
Solicitar relatórios	Relatórios sobre pedidos (não problemáticos) efectuados pelo cliente do serviço de computação em nuvem ao fornecedor do serviço de computação em nuvem: • Todos os pedidos efectuados • Número de pedidos em aberto • Tempo para pedidos de ação
Relatórios de satisfação dos utilizadores	Relatórios sobre a satisfação do utilizador com o(s) serviço(s) de computação em nuvem

O cliente do serviço em nuvem deve revisar periodicamente os elementos descritos na tabela 8 e decidir sobre um curso de ação apropriado se os serviços em nuvem não cumprirem os termos do contrato ou não atenderem aos requisitos comerciais. A forma como a revisão é realizada é uma decisão do cliente e provavelmente dependerá do tamanho e da estrutura da organização do cliente. É aconselhável um certo grau de formalidade e de manutenção de registos, uma vez que, em alguns casos, pode ser necessário preparar provas para apresentar ao fornecedor de serviços de computação em nuvem, especialmente se existirem questões em disputa entre o cliente e o fornecedor de serviços de computação em nuvem.

O que constitui uma ação adequada dependerá da natureza do(s) problema(s). Algumas violações das condições do CSA podem desencadear condições de reparação que implicam um certo nível de compensação para o cliente - mas pode acontecer frequentemente que o cliente tenha de apresentar formalmente um pedido ao fornecedor para desencadear as condições de reparação. As infracções ou incidentes mais graves são susceptíveis de exigir uma ação mais significativa por parte do cliente. Esta ação pode assumir a forma de discussões entre os quadros superiores do cliente e os seus homólogos do fornecedor de serviços de computação em nuvem. Em alternativa, pode assumir a forma de o cliente decidir mudar a sua utilização dos serviços de computação em nuvem para outro fornecedor de serviços de computação em nuvem, desencadeando o processo de rescisão.

No caso de problemas que exijam uma maior sensibilização da gestão, é da responsabilidade das pessoas envolvidas no processo de governação aconselhar as respectivas cadeias de gestão sobre o estado de uma determinada questão.

Processo de escalonamento

Inevitavelmente, haverá problemas que não se enquadram no processo normal de gestão e que necessitarão de uma atenção adicional para garantir uma resolução atempada. Um exemplo de processo excecional é uma falha importante, ou seja, uma perda de serviço, que não pode esperar por uma reunião periódica e exige uma notificação imediata da cadeia de gestão.

Embora utilizemos o termo "escalonamento", o processo de escalonamento é, na verdade, uma comunicação ascendente para a consciencialização de uma situação específica e não uma delegação ascendente de responsabilidade para a resolução do problema.

A Tabela 13 abaixo destaca os objectivos gerais do escalonamento, as orientações gerais para quando iniciar um escalonamento e os tipos de escalonamento que podem ser invocados.

Table 13:Considerações sobre o escalonamento

Considerações	Descrição
Objectivos	• Sensibilizar a gestão para evitar surpresas (dá a perceção de que a gestão de topo tem o controlo da situação). • Obter o acordo de planos de ação para resolver um problema. • Desenvolver um plano e obter o acordo de recursos adicionais, quando necessário.
Diretrizes	• O problema tem um impacto crítico na atividade global, quer se trate de um serviço interno ou de um serviço dirigido ao cliente. • O serviço ainda está disponível, mas está significativamente degradado; potencial impacto num serviço virado para o cliente. • O problema tem um impacto significativo e não atingiu os objectivos acordados para a sua resolução. • Independentemente do impacto, os problemas não estão a ser encerrados dentro dos prazos previstos. • O número de problemas está a aumentar sem que tenha sido acordada uma resolução para inverter a tendência. • Os pedidos ao fornecedor de serviços de computação em nuvem para participar na análise da causa

	raiz ou na resolução de problemas num sistema ou ferramenta associados são ignorados.
Tipos	• Imediato o É identificado um impacto comercial crítico. o Impacto significativo num serviço dirigido ao cliente. • Conforme necessário. Normalmente, após uma revisão quando: o A duração da resolução do problema não está a ser cumprida. o Número de problemas em aberto excede as expectativas. o A tendência para os problemas comunicados está a aumentar sem que seja proposto um plano de resolução satisfatório.

Uma vez iniciado um escalonamento, o objetivo é assegurar que ambas as cadeias de gestão compreendem o problema, o seu impacto e o plano de ação acordado para a sua resolução, incluindo a contenção do problema, especialmente se o problema afetar um serviço externo ao cliente.

Se não for possível chegar a uma resolução de um problema escalonado através do processo de escalonamento, os termos do CSA podem ser aplicados para forçar a resolução. Um dos resultados de violações contínuas do CSA pode ser a rescisão do acordo com o fornecedor do(s) serviço(s) contratado(s). É de notar que as actas geradas pelo processo de gestão são um conjunto importante de documentação para apoiar o processo de rescisão.

O recurso ao escalonamento não deve ser considerado um último recurso no processo de gestão de problemas. O escalonamento deve ser utilizado como uma atividade de alerta precoce para sensibilizar a administração para um potencial problema antes de este se tornar crítico. O escalonamento é uma ferramenta para gerir os serviços e, em última análise, prestar os melhores serviços aos utilizadores do(s) serviço(s), sejam eles internos ou externos à organização.

Passo 10: Compreender o processo de saída

Uma cláusula de saída deve fazer parte de cada CSA e descrever os pormenores do processo de saída, incluindo as responsabilidades do fornecedor de serviços de computação em nuvem e do consumidor, caso a relação termine prematuramente ou de outra forma.

Existem inúmeros cenários potenciais que podem causar a cessação do serviço entre o cliente e o fornecedor, o que resultaria na execução do processo de saída. Por exemplo, um fornecedor pode não conseguir fornecer os níveis exigidos de desempenho e disponibilidade especificados no SLA, ou pode acontecer que o fornecedor esteja a encerrar a sua atividade. Independentemente da razão, é essencial um processo de saída claramente definido que garanta uma transferência segura e rápida dos dados e aplicações dos clientes.

Um plano de saída do cliente deve ser sempre preparado no início do CSA e constitui um anexo contratual integral. Este plano deve assegurar o mínimo de perturbação do negócio para o cliente e garantir uma transição suave. O processo de saída deve incluir procedimentos detalhados para garantir a continuidade do negócio e deve especificar métricas mensuráveis para garantir que o fornecedor de serviços de computação em nuvem está a implementar efetivamente esses procedimentos.

O aspeto mais importante de qualquer plano de saída é a transmissão e a preservação dos dados do cliente do serviço de nuvem, o que é fundamental para alcançar a continuidade dos negócios. Além disso, os clientes devem garantir que seus dados sejam completamente removidos do ambiente do provedor assim que o processo de saída for concluído. Os clientes devem estar atentos e cientes dos seguintes detalhes ao avaliarem a cláusula de saída incluída em um CSA.

•   O nível de assistência do prestador no processo de saída e quaisquer taxas associadas devem ser claros no CSA. Na maioria dos casos, não deve haver custos adicionais associados ao processo de saída.

•   Os fornecedores devem ser responsáveis pela remoção dos dados dos clientes dos seus ambientes informáticos ou, pelo menos, ajudar o cliente a extrair e apagar os seus dados, fornecendo documentação clara e concisa.

•   O formato dos dados transmitidos do fornecedor para o cliente deve ser especificado na CSA e deve utilizar formatos de dados normalizados sempre que possível para facilitar e melhorar a portabilidade.

•   A CSA deve especificar que todos os dados e informações pertencentes ao cliente são mantidos durante um período de tempo específico após a transição, sendo depois completamente removidos após esse período.

o O período de tempo típico é de 1 a 3 meses, o que dá ao cliente tempo suficiente para encontrar um novo fornecedor e continuar a receber o serviço do fornecedor atual durante esse período.

o O período de tempo deve ser explicitamente documentado na CSA e só com a aprovação escrita do cliente é que os dados devem ser removidos e/ou destruídos antes desse período.

•   Os clientes devem garantir que a CSA oferece uma proteção adequada para a continuidade das actividades durante o processo de saída.

•   No final do processo de saída, o cliente deve receber uma confirmação escrita do fornecedor de que todos os dados do cliente foram completamente removidos do ambiente de TI do fornecedor. A confirmação escrita deve também indicar que o fornecedor concorda em não utilizar os dados do cliente por qualquer motivo no futuro, incluindo a utilização dos dados para fins estatísticos.

O resultado final é que os clientes devem realizar a devida diligência ao avaliar e, em última análise, selecionar um fornecedor de serviços de computação em nuvem. Um fornecedor de serviços de computação em nuvem fiável deve estar preparado para fornecer aos clientes uma estratégia de saída justa e eficaz.

4.3. <u>Resumo das chaves para o sucesso</u>

A Tabela 14 resume as chaves críticas para o sucesso de qualquer organização cliente que esteja avaliando e comparando CSAs de diferentes provedores de nuvem.

Quadro 14: Resumo das chaves para o sucesso

Rever as políticas e processos internos	• Identificar os principais processos e políticas que serão afectados por uma mudança para serviços na nuvem. • As compras e a elaboração de relatórios são áreas-chave a rever.
Desenvolver uma estratégia e um argumento comercial sólido para o ambiente de computação em nuvem	• Avaliar o carácter crítico dos serviços que estão a ser implementados na nuvem. • Determinar os requisitos funcionais e não funcionais de cada serviço (desempenho, disponibilidade, segurança, privacidade, etc.). • Compreender os requisitos legais e regulamentares relativos aos dados mantidos na nuvem. • Identificar os principais indicadores de desempenho para cada serviço.
Avaliar a CSA do fornecedor em função dos requisitos funcionais e não funcionais	• Com base na importância do serviço que está sendo implantado na nuvem, determine se a CSA do provedor de nuvem é suficiente para atender aos requisitos funcionais, não funcionais, legais e regulamentares do serviço. • Caso contrário, determine se o fornecedor de serviços de computação em nuvem está disposto a negociar os principais aspectos do CSA que não estão em conformidade com a sua estratégia empresarial. • Se o fornecedor de serviços de computação em nuvem não estiver disposto a negociar estes pontos críticos, procure fornecedores alternativos que respondam melhor às suas necessidades. • Se não for possível encontrar um fornecedor de serviços em nuvem que satisfaça os seus requisitos, considere a possibilidade de manter o serviço no ambiente informático da sua empresa.
Determinar a forma de monitorizar o desempenho da CSA	• Supondo que é encontrado um fornecedor de serviços em nuvem que satisfaz os seus requisitos de serviço, compreenda o processo de gestão definido na CSA. • Certifique-se de que a sua CSA inclui a capacidade de ver, avaliar e reagir às principais medidas de desempenho que ajudarão a manter a sua infraestrutura de nuvem a funcionar sem problemas. • Compreender o processo de notificação quando surgem problemas de serviço, incluindo o método e a atualidade das notificações, bem como a definição de prioridades e a avaliação do nível de gravidade dos problemas. • Esteja ciente das soluções e limitações de responsabilidade oferecidas pelo fornecedor de serviços em nuvem quando surgem problemas de serviço.
Garantir a definição e execução de um plano adequado de	• O cliente de nuvem assume o risco de cenários de desastre que limitam severamente a capacidade do seu fornecedor de nuvem de prestar serviços.

recuperação de desastres	• Os clientes da nuvem devem compreender a capacidade do fornecedor para apoiar a sua estratégia de preservação de dados, que inclui o carácter crítico dos dados, as fontes de dados, a programação, a cópia de segurança, o restauro, as verificações de integridade, etc. • As funções e responsabilidades devem ser claramente documentadas na CSA. Em muitos casos, o cliente da nuvem pode ser responsável pela implementação da maior parte da estratégia de preservação de dados. • Com base na criticidade dos dados, os clientes da nuvem devem definir claramente os objectivos de tempo de recuperação. • Os clientes devem testar e verificar o plano de recuperação de desastres antes da implantação da produção. • Os clientes da nuvem devem considerar a aquisição de um seguro contra riscos adicionais se os custos associados à recuperação não estiverem cobertos pela política geral da sua organização para serviços de TI ou por um seguro contra riscos operacionais.
Assegurar o apoio a um processo de saída eficiente	- O objetivo do plano de saída é assegurar o mínimo de perturbação do negócio para o cliente, caso a relação com o fornecedor de serviços na nuvem termine prematuramente.
	• O plano de saída deve ser tido em conta durante a fase de avaliação dos potenciais fornecedores de serviços de computação em nuvem. • A CSA do fornecedor deve ser cuidadosamente analisada para garantir que o plano de saída definido pelo cliente pode ser implementado.
	o O cliente deve poder rescindir o acordo em qualquer altura, sem qualquer penalização, desde que informe o fornecedor com antecedência suficiente. o Os dados mantidos nos recursos de nuvem do fornecedor devem ser armazenados utilizando formatos normalizados para garantir a portabilidade dos dados. o A transmissão de dados a partir dos recursos de computação em nuvem do fornecedor deve utilizar técnicas normalizadas de empacotamento e transferência de dados.
	- As funções e responsabilidades devem ser claramente documentadas na CSA. Em muitos casos, o cliente da nuvem pode ser responsável por iniciar a maioria das etapas do processo de saída.

Além disso, as normas emergentes nos seguintes domínios ajudarão a melhorar a capacidade de os clientes avaliarem e compararem os níveis de serviço oferecidos pelos diferentes fornecedores:

> Normas que criam formas coerentes de descrever serviços e termos associados, incluindo o preço.

> Métricas normalizadas que permitem aos clientes acompanhar e comparar eficazmente o desempenho da CSA.

> Requisitos normalizados de segurança e conformidade regulamentar para identificar pontos de controlo para a gestão do risco.

> Normas que permitem uma gestão coordenada da CSA de ponta a ponta, tanto para os clientes como para os fornecedores de serviços de computação em nuvem.

A computação em nuvem oferece uma proposta de valor que é diferente dos ambientes de TI empresariais tradicionais. Com um enfoque adequado nos principais factores de sucesso, os clientes podem analisar e comparar eficazmente os CSA de diferentes fornecedores de serviços em nuvem para garantir que a promessa da nuvem é cumprida.

CAPÍTULO V: Sobre os custos dos serviços e a medição dos serviços de computação em nuvem consumidos: uma perspetiva da faturação dos serviços de computação em nuvem

5.1. Modelos de preços e faturação do sistema de serviços em nuvem baseados

Segurança na nuvem como um serviço

Quando o sistema de serviços de computação em nuvem está diretamente voltado para os consumidores finais, a conceção da estratégia de preços do serviço é essencial. A estratégia de preços está diretamente relacionada com a experiência e a satisfação do utilizador, mas também afecta as receitas do fornecedor de serviços em nuvem. A segurança da nuvem é um fator que preocupa muito os utilizadores de serviços de nuvem e determina diretamente a disponibilidade e a fiabilidade do sistema de serviços de nuvem para o utilizador. A segurança da nuvem como um serviço é a tendência inevitável das aplicações de computação em nuvem para os utilizadores. Para tal, o sistema de preços e de faturação dos serviços em nuvem deve refletir o valor da segurança da nuvem como serviço para os utilizadores. O sistema de preços do sistema de serviços em nuvem deve ser claro, flexível, fácil de compreender e fácil de selecionar para os utilizadores individuais ou empresariais. e as suas caraterísticas claras significam que a aplicação pode fornecer a funcionalidade e a segurança funcional correspondente, e a forma como cada um deve cobrar é de relance para os utilizadores do serviço de faturação em nuvem; caraterísticas flexíveis significam que as diferentes combinações da funcionalidade e a segurança funcional correspondente devem refletir-se verdadeiramente no preço; Compreender é que a política de preços deve ter um quadro específico, científico e razoável; facilitar a seleção refere-se à opção de diferentes tipos, diferentes necessidades dos utilizadores de acordo com a sua situação. Com base nisto, o documento apresenta um modelo de referência do sistema de fixação de preços e de faturação dos serviços de computação em nuvem, como mostra a Figura 9.

Neste modelo de preços, de acordo com a ordem das contas, do planeamento, do tipo de pacote de funções, do nível do pacote de funções e do nível de segurança da nuvem, o primeiro e o último são uma relação de um para muitos, o que significa que uma conta pode ter vários planos, um plano pode corresponder a mais do que um tipo de pacote funcional, um tipo de pacote de funções pode corresponder a vários pacotes de funções, um pacote de funções pode corresponder a vários níveis de segurança da nuvem. Juntamente com esta relação expansão-muitos, o utilizador seleciona cada vez mais flexibilidade, mas as escolhas são tanto mais reduzidas quanto menor for a conveniência e a operacionalidade da aplicação.

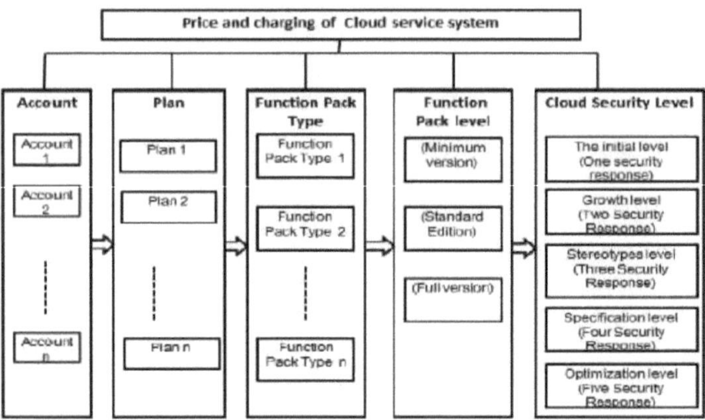

Figura 9: modelos de preços e de faturação do sistema de serviços em nuvem

Os planos de faturação adicionados ao conceito de tempo, são diferentes dos tipos de pacotes de funções, mas também podem ser fornecidos através de segmentos de mercado diferenciados à escolha do utilizador. A flexibilidade da conta de faturação é mínima, mas fornece a solução de pacote mais conveniente para os utilizadores de serviços em nuvem. Uma conta é muitas vezes dos utilizadores de vários planos; fornece uma variedade de combinações planeadas de acordo com as diferentes necessidades. Os prestadores de serviços de computação em nuvem podem consultar o modelo de tarifação acima descrito e selecionar a opção de tarifação adequada.

5.2. <u>Preços SLA</u>

O acordo de nível de serviço entre o consumidor e o prestador de serviços estabelece a relação legal entre as duas partes. Este acordo protege os direitos de ambas as partes em qualquer situação. O SLA fornece um conhecimento justo sobre os recursos e caraterísticas do serviço, como a qualidade do serviço e o preço da prestação do serviço.

A parte de Gestão de SLA é a parte associada de vários recursos, um destes recursos é a determinação de preços. As estratégias de fixação de preços são formas de determinar o preço do serviço com base na procura do serviço e no equipamento do serviço. Os fornecedores de serviços utilizam as suas regras para implementar um mecanismo de preços inteligente que aumente os seus lucros. Existem várias estratégias de tarifação para definir os preços dos

116

serviços. Por exemplo, o preço dos serviços pode ser calculado com base na hora de entrega do pedido, na procura do serviço, na disponibilidade do serviço, no fornecimento do serviço e nas taxas de cobrança, mesmo que seja estático ou dinâmico. A maioria dos fornecedores de serviços de computação em nuvem utiliza um dos três modelos básicos de fixação de preços: modelo de preço de oferta, preço estático e preço dinâmico. Os fornecedores parecem preferir os preços dinâmicos porque têm de aumentar constantemente o preço do serviço para maximizar os seus rendimentos.

5.2.1. Preços dinâmicos:

A fixação dinâmica dos preços significa a alteração contínua do preço do serviço. O preço muda continuamente com base na oferta e na procura do serviço. Se a procura de serviços aumentar ou a oferta de serviços diminuir, o preço aumentará. Por outro lado, se a procura do serviço diminuir ou a oferta do serviço aumentar, o preço desce. O preço dinâmico tem influência na negociação do SLA entre os consumidores e os fornecedores, porque o preço pode mudar durante o processo de negociação. No entanto, é importante compreender que, quando um SLA é aprovado, o preço desse acordo de nível de serviço deve ser fixado para o resto do tempo de vida do SLA. A formatação de um contrato SLA e a fixação do preço específico afectam apenas essa colaboração específica entre o fornecedor e o consumidor. O preço pode mudar se o mesmo fornecedor interagir com diferentes consumidores.

O preço é calculado por determinadas funções que podem ser simples ou complexas, consoante a variedade e a quantidade dos seus parâmetros. As funções simples dependerão de poucos parâmetros. No entanto, as funções complexas dependerão de muitos parâmetros. Esses parâmetros podem ser medidas para o estado interno ou externo do fornecedor. Exemplos de parâmetros do estado interno são a corrente de serviço, as cargas de serviço e os dados históricos. Os parâmetros do estado externo mostram o estado atual do mercado, mas são difíceis de medir.

Um parâmetro crítico nas funções de tarifação de serviços está relacionado com a utilização do serviço atual. A disponibilidade de recursos é difícil de garantir para o fornecimento e a procura de serviços futuros. É por isso que a maioria dos maiores fornecedores de serviços em nuvem, como o Amazon EC2, o Microsoft Azure, o Dell Boomi e o Google Cloud, declaram nos seus SLAs que a disponibilidade do serviço é de 99,9%.

Outro parâmetro importante no cálculo do preço do serviço é o risco. Em algumas situações, o acordo de nível de serviço na nuvem tem prazos fixos ou obrigações extremas, pelo que os negociadores de ambas as partes devem encontrar uma solução para cobrir a responsabilidade. Assim, o prémio de seguro deve ser incluído no preço.

O custo de base do serviço, como a aquisição de hardware e software, o custo de armazenamento e o custo de manutenção, é outro parâmetro de preço importante. Alguns fornecedores de serviços podem enfrentar problemas de negócio no seu início, pelo que oferecem os seus serviços a custos mais baixos do que o custo de base. Mas isso não pode durar a longo prazo porque um modelo de negócio bem sucedido tem de ser lucrativo.

5.2.2. Negociação de SLA de arquitetura de preços:

A arquitetura de negociação de preços dos SLA é composta por sete funções principais: repositório de modelos de SLA, capacidades dos recursos, disponibilidade dos recursos, objectivos comerciais, componente dinâmica de fixação de preços, negociador de SLA e signatário, como mostra a figura 10. Estas funções são descritas em pormenor mais adiante;

> Repositório de modelos de SLA: O fornecedor envia modelos de SLA não obrigatórios para o consumidor como um procedimento para anunciar a oferta de serviços pela nuvem.

> Capacidades dos recursos: As Capacidades dos recursos apresentam os documentos e os dados relativos às capacidades dos recursos do serviço.

> Disponibilidade de recursos: Esta função fornece os dados actualizados sobre o estado mais recente do sistema, contendo a carga existente, o pedido previsto e as reservas futuras.

> Objectivos comerciais: Esta componente está mais relacionada com o prestador do serviço. É a clarificação lógica das suas preferências comerciais, desempenho, comportamento e gestão, *etc*.

> Componente dinâmico de determinação do preço: O componente dinâmico de determinação do preço calcula o preço do serviço com base nas funções anteriores.

> Negociador de SLA: Esta função é a função central que permite ao consumidor e ao fornecedor de serviços comunicar e negociar o SLA. O protocolo do processo de negociação descreve as mensagens que são enviadas para os negociadores do consumidor pelos negociadores do fornecedor e vice-versa. Essas mensagens podem consistir em pedidos de cotação, cotações actuais, ofertas, descontos e, por último, notificações aprovadas e não aprovadas.

> Assinante: Após o acordo final sobre o preço do serviço, todas as partes, incluindo o fornecedor e os consumidores, devem apresentar a sua aprovação através da assinatura digital.

A arquitetura parece ser apenas uma comunicação específica entre um consumidor e um fornecedor. Mas num sistema real, várias negociações estão a decorrer ao mesmo tempo. Cada negociação pode ser separada das outras negociações.

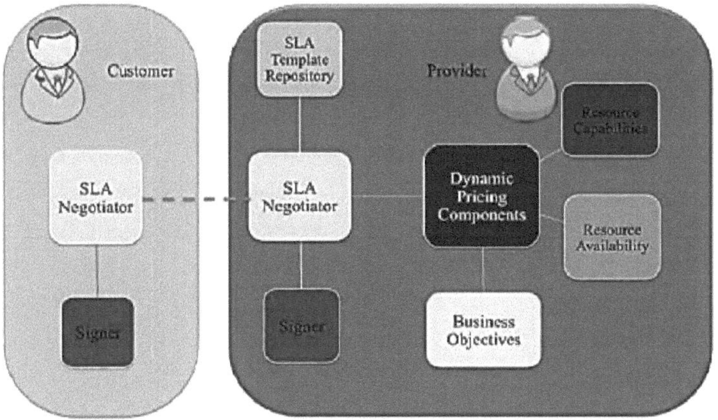

Figura 10: Arquitetura do preço de negociação do SLA

5.3. Encargos e faturação

5.3.1. Opções de faturação

O montante a pagar pelas ofertas de Serviço em Nuvem é especificado no Documento de Encomenda da seguinte forma:

> Montante total do compromisso adiantado

> Mensal (em atraso)

> Trimestral (adiantamento)

> Anualmente (adiantamento)

A opção de faturação selecionada será válida durante o período de vigência especificado no Documento de Encomenda. O montante a pagar por ciclo de faturação basear-se-á na taxa de subscrição mensal ou anual e no número de ciclos de faturação num ano, acrescido de eventuais encargos de excesso.

5.3.2. Encargos de meses parciais

A cobrança do Mês Parcial é uma taxa diária proporcional. Os Encargos do Mês Parcial são calculados com base nos dias restantes do mês parcial a partir da data em que o utilizador é notificado pelo CSP de que o seu acesso à oferta do Serviço de Nuvem está disponível.

5.3.3. Excedentes

Se a utilização real do Serviço de Nuvem durante o período de medição exceder o direito indicado na parte POE do Documento de Encomenda, o utilizador será facturado pelo excesso, conforme estabelecido no Documento de Encomenda.

5.3.4. Opções de duração e renovação

5.3.4.1. Prazo

O prazo do Serviço de Nuvem começará na data em que o CSP o notificar de que tem acesso às partes do Serviço de Nuvem que estão descritas no Documento de Encomenda. A parte PoE do Documento de Encomenda confirmará a data exacta do início e do fim do prazo, bem como a forma ou a renovação do prazo. É permitido ao utilizador aumentar o seu nível de utilização do Serviço de Nuvem durante o prazo, contactando o CSP.

5.3.5. Opções de renovação do prazo dos serviços em nuvem

O Documento de Encomenda do utilizador indicará se o Serviço de Nuvem será renovado no final do prazo, designando o prazo como um dos seguintes:

a. Renovação automática

Se o Documento de Encomenda indicar que a renovação é automática, o utilizador pode rescindir o termo do Serviço em Nuvem que expira através de um pedido por escrito, pelo menos noventa (90) dias antes da data de expiração do termo que está estabelecido no Documento de Encomenda. Se a CSP não receber esse aviso de rescisão até à data de expiração, o prazo de expiração será automaticamente renovado por um período de um ano ou pela mesma duração do prazo original, conforme estabelecido na parte PoE do Documento de Encomenda.

b. Faturação contínua

Quando o Documento de Encomenda indicar que a sua faturação é contínua, o utilizador continuará a ter acesso ao Serviço de Nuvem e será facturado pela utilização do Serviço de Nuvem numa base de faturação contínua. Para descontinuar o uso do Serviço de Nuvem e interromper o processo de faturamento contínuo, o usuário precisará fornecer à CSP um aviso por escrito de noventa (90) dias solicitando que seu Serviço de Nuvem seja cancelado. Após o cancelamento do seu acesso, o utilizador será cobrado por quaisquer encargos de acesso pendentes até ao mês em que o cancelamento teve efeito.

c. Renovação necessária

Quando o Documento de Encomenda indica que o seu tipo de renovação é "terminar", o Serviço Cloud terminará no final do prazo e o seu acesso ao Serviço Cloud será removido. Para continuar a utilizar o Serviço Cloud para além da data final, terá de efetuar uma encomenda ao seu representante de vendas CSP para adquirir um novo período de subscrição.

CAPÍTULO VI Compreender a perspetiva dos serviços de computação em nuvem do ponto de vista dos fornecedores de serviços de computação em nuvem

6.1 Fornecedores de serviços em nuvem considerados

Apresentamos brevemente uma panorâmica dos serviços em nuvem oferecidos pela Amazon , Rackspace , Microsoft Azure , . Estes fornecedores oferecem serviços de computação e armazenamento IaaS e PaaS. O serviço de computação inclui uma máquina virtual (ou instância) ou ciclos de CPU que um cliente pode adquirir numa base horária, mensal ou anual. O serviço de armazenamento permite o armazenamento e a recuperação de dados estruturados ou em bloco. Utilizamos indistintamente cliente e utilizador para nos referirmos aos clientes dos fornecedores de serviços de computação em nuvem.

1.1.1. Amazon

A Amazon é um fornecedor de IaaS e oferece serviços de computação (EC2) e armazenamento (S3). No EC2, um cliente pode obter máquinas virtuais (instâncias) por hora ou reservá-las antecipadamente para um ano inteiro. Além disso, o EC2 oferece instâncias pontuais em que um cliente pode licitar a capacidade de computação. O SLA do EC2 é aplicável a instâncias por hora, à vista e reservadas. O serviço de armazenamento S3 fornece um mecanismo para armazenar e recuperar objectos de dados utilizando as operações put() e get() com um tamanho de dados que varia entre um byte e cinco tera bytes.

A Amazon também fornece uma capacidade de disco remoto para as suas máquinas virtuais, nomeadamente o Elastic Block Store (EBS). Os volumes EBS são replicados dentro de uma zona de disponibilidade. Um centro de dados (ou região) pode conter várias zonas de disponibilidade. As zonas de disponibilidade não têm energia, rede ou equipamento de hardware em comum. Os volumes do EBS não são respaldados por nenhum SLA; no entanto, os instantâneos dos volumes do EBS podem ser armazenados no S3, que, como mencionado anteriormente, é respaldado por um SLA. Ao criar uma instância, o utilizador deve especificar a região e a zona de disponibilidade em que cria a instância.

A Amazon também fornece um serviço Simple DB, que é um serviço de base de dados relacional simplificado. No entanto, o serviço ainda está em fase beta aquando da redação deste documento. Entre os serviços S3, EBS e SimpleDB, apenas o S3 é apoiado por um SLA .

1.1.2. Windows Azure

O Windows Azure é um provedor de nuvem PaaS e IaaS que oferece serviços de computação

(Computação do Azure) e armazenamento (Armazenamento do Azure). O Azure Compute é composto por três tipos de serviços de computação (a que se refere como funções), nomeadamente, web, trabalhador e uma VM. Uma função Web fornece um front-end baseado na Web para uma aplicação e é composta por um servidor IIS. Uma função de trabalho é útil para o desenvolvimento generalizado. Ela pode executar o Apache Tomcat e as máquinas virtuais Java (JVMs) e pode ser usada para executar o processamento em segundo plano para uma função da Web. Uma função de VM é semelhante às instâncias no Amazon EC2 e dá ao utilizador controlo total sobre a máquina virtual. No entanto, neste momento, as funções de VM só estão disponíveis em versão beta e não são abrangidas pelo SLA do Azure Compute. O serviço de computação só pode ser adquirido numa base horária e não pode ser reservado antecipadamente para todo o ano. O serviço do Azure Compute define a noção de um domínio de falhas e um domínio de atualização. Cada função de cálculo pertence a um domínio de falhas e a um domínio de atualização. Um domínio de falha compreende um único ponto de falha e é, pelo menos, uma máquina física, mas também pode ser um rack de máquinas; os detalhes precisos do que compreende um domínio de falha não estão disponíveis. Um domínio de atualização define quais as funções de computação que podem receber simultaneamente as actualizações do software ou do sistema operativo. Um domínio de falha pode abranger vários domínios de atualização. Da mesma forma, um domínio de atualização também pode abranger vários domínios de falha. O Azure também fornece o Armazenamento do Azure , um serviço de armazenamento semelhante ao S3, que pode ser utilizado para armazenar e recuperar blob e dados estruturados. Também fornece um serviço de filas e discos remotos (conhecidos como Azure Drive). O serviço de armazenamento do Azure é apoiado por um SLA .

1.1.3. Rackspace

A Rackspace é um fornecedor de IaaS que fornece instâncias de computação semelhantes ao Amazon EC2 e à função de VM do Azure, que designa por "Cloud Servers". Um cliente pode obter VMs numa base horária que são cobertas por um SLA . No entanto, ao contrário do EC2, os Cloud Servers não podem ser reservados antecipadamente para todo o ano. A Rackspace também fornece um nível de serviço gerido para Cloud Servers. Como parte do serviço gerido, a Rackspace é responsável pela aplicação de software e patches de segurança para o sistema operativo e middleware. A Rackspace fornece um serviço de armazenamento denominado "Cloud Files", que permite ao cliente armazenar e recuperar ficheiros na nuvem e está coberto por um SLA . Os ficheiros armazenados são replicados internamente pela Rackspace.

6.2. <u>Descrição dos SLAs</u>

Descrevemos os SLAs dos serviços de computação e armazenamento oferecidos pelos fornecedores de serviços em nuvem considerados neste capítulo.

6.2.1. Amazon

Os serviços Amazon EC2 e S3 são apoiados por SLAs distintos. De seguida, descrevemos os SLAs destes serviços em pormenor.

6.2.1.1. SLAs do EC2

O SLA do Amazon EC2 é definido numa base por centro de dados (região na linguagem da Amazon) em vez de por instância. O EC2 oferece uma taxa de disponibilidade de região de 99,95% (garantia de serviço). Se um utilizador não conseguir aceder às suas instâncias numa região durante um período contíguo de cinco minutos ou lançar instâncias de substituição, a região é considerada indisponível durante esses cinco minutos. O ónus de fornecer as provas da indisponibilidade da região recai sobre o utilizador. Em termos estritos, se um utilizador estiver a executar pelo menos uma VM à qual não pode aceder durante um intervalo de cinco minutos e não puder iniciar uma substituição, é elegível para um crédito de serviço se o valor do crédito for superior a um dólar. Um cliente pode pedir um crédito de serviço sempre que o serviço ficar abaixo do SLA de disponibilidade nos últimos 365 dias ou desde a última vez que um pedido de crédito de serviço foi apresentado pelo cliente. O crédito de serviço é de até 10% da fatura de um cliente (excluindo quaisquer custos únicos) para as instâncias afectadas pela interrupção. Normalmente, os créditos de serviço só são aplicáveis a futuros pagamentos de EC2. A Amazon exige que a reclamação de crédito de serviço seja recebida do cliente no prazo de 30 dias úteis após o último incidente comunicado na reclamação registada.

A Amazon não fornece qualquer crédito de serviço para falhas de instâncias individuais não atribuíveis à indisponibilidade da região. Esta cláusula significa que, mesmo que uma região (centro de dados) esteja disponível, mas alguns serviços nessa região falhem, como o EBS do qual uma instância depende, a Amazon não é, pelo menos legalmente, obrigada a fornecer um crédito de serviço, embora possa fornecer um crédito à sua discrição. Por exemplo, a Amazon forneceu um crédito de serviço para a sua interrupção de abril de 2011 devido a falhas no EBS. Além disso, a Amazon não fornece quaisquer créditos de serviço se as VMs sofrerem problemas de desempenho. Uma VM pode sofrer uma degradação do desempenho devido à colocação ou a diferenças de hardware da máquina física subjacente.

O SLA do Amazon EC2 não especifica que a manutenção programada e não programada está excluída da garantia de serviço. O SLA do EC2 é definido com base no centro de dados e, sem dúvida, a indisponibilidade do centro de dados para manutenção programada é improvável porque afectará todos os clientes que executam as suas instâncias nesse centro de dados.

6.2.1.2. S3 SLAs

O SLA do Amazon S3 fornece uma garantia de conclusão do pedido de armazenamento de 99,9% durante um mês de faturação (período de tempo de garantia do serviço). Um pedido de armazenamento é considerado falhado se o servidor S3 devolver uma resposta de "Erro interno" ou "Serviço indisponível" a um pedido. Estas respostas correspondem aos códigos de resposta HTTP 500 e 503. O ónus de comunicar a falha de um pedido e fornecer provas recai sobre o cliente. O S3 calcula os pedidos falhados ao longo de um intervalo de cinco minutos, sendo depois calculada a média ao longo de um mês. Os pedidos falhados são calculados dividindo o número de pedidos que geram uma resposta de erro pelo número total de pedidos no intervalo de cinco minutos. A percentagem de transacções concluídas no mês de faturação é calculada subtraindo de 100% a média das taxas de pedidos falhados de cada período de cinco minutos.

O crédito de serviço é de 10% da fatura do cliente se a taxa de conclusão for inferior a 99,9% e de 25% da fatura do cliente se a taxa de conclusão for inferior a 99%. A Amazon tem de receber a reclamação no prazo de 10 dias úteis após o mês de faturação em que ocorreu o incidente. À semelhança do SLA do EC2, o SLA do Amazon S3 não exclui a manutenção programada e não programada da garantia de serviço. Além disso, o serviço S3 não especifica quaisquer garantias de desempenho nos pedidos de armazenamento.

6.2.2. Windows Azure

O serviço de computação e armazenamento do Azure é apoiado por

<u>SLAs que são descritos abaixo.</u>

6.2.2.1. SLA de computação do Azure

O SLA do Azure Compute fornece garantias de serviço de conetividade e tempo de atividade para suas funções de computação não beta durante um mês de cobrança (período de tempo de garantia de serviço). Para que o SLA do Azure Compute seja aplicável, um cliente deve implantar pelo menos duas instâncias de um tipo de função de computação em domínios de atualização diferentes.

Ao contrário do Amazon EC2, que fornece um SLA de disponibilidade por centro de dados, o SLA do Azure é calculado como um agregado sobre as funções implementadas. O SLA do Azure define duas garantias de serviço, nomeadamente a conetividade de rede externa e o tempo de atividade, que são calculados numa base mensal. A garantia de serviço de conetividade é definida como o tempo agregado desde que todas as funções viradas para a Internet foram iniciadas, menos os intervalos de cinco minutos durante os quais qualquer função não tem conetividade, dividido pelo tempo agregado desde que as funções foram iniciadas. Tal como o Amazon EC2, o Azure calcula o tempo de inatividade para as suas funções de computação em incrementos de intervalos de cinco minutos.

A garantia de serviço de tempo de atividade é definida como o tempo agregado desde que as funções foram implementadas e iniciadas, menos o tempo em todas as instâncias de funções que não são executadas durante mais de dois minutos sem que seja iniciada uma ação corretiva, dividido pelo tempo agregado desde que as funções foram iniciadas. Quaisquer problemas de desempenho ou disponibilidade devidos a actualizações e correcções regulares da plataforma são excluídos do cálculo da garantia de serviço de tempo de atividade. O crédito de serviço é de 10% da fatura do cliente se a conetividade e a percentagem de tempo de atividade forem inferiores a 99,95% e 99,9%, respetivamente, e de 25% se forem inferiores a 99,9%. O ónus de comunicar uma violação do SLA e fornecer provas recai sobre o cliente. A Microsoft exige que um cliente notifique o incidente no prazo de cinco dias úteis após o incidente para ser elegível para apresentar uma reclamação. Em seguida, a Microsoft tem de receber a reclamação no prazo de um mês após o mês de faturação em que o incidente ocorreu.

6.2.2.2. SLA de armazenamento do Azure

O SLA do Armazenamento do Azure define a garantia de serviço como a percentagem de transacções concluídas num mês de faturação. Um pedido é considerado falhado se o tempo máximo para processar o pedido exceder o tempo especificado na garantia de serviço.

O Armazenamento do Azure calcula os pedidos falhados ao longo de um intervalo de uma hora, dividindo o número total de pedidos falhados pelo total de pedidos de armazenamento. A percentagem de transacções concluídas num mês de faturação é calculada subtraindo de 100% a média das taxas de pedidos falhados de cada período de uma hora no mês de faturação. Semelhante ao Azure Compute, o ónus de comunicar uma violação do SLA é do cliente. A Microsoft exige que um cliente notifique o incidente no prazo de cinco dias úteis após o incidente para ser elegível para apresentar uma reclamação. Em seguida, a Microsoft tem de receber a reclamação no prazo de um mês após o mês de faturação em que o incidente ocorreu. O crédito de serviço é de 10% da fatura do cliente se o número de transacções concluídas for inferior a 99,9% e de 25% da fatura do cliente se for inferior a 99%. À semelhança do S3 SLA, o SLA de Armazenamento do Azure exclui do cálculo do SLA quaisquer transacções que estejam fora do seu controlo razoável e que resultem de culpa do cliente ou de abuso do sistema. Ao contrário do S3 SLA, o SLA de Armazenamento do Azure dá exemplos detalhados de transacções excluídas, tais como falhas de pré-autenticação, transacções abusivas, criação ou eliminação de contentores, tabelas ou filas, ou pedidos de inundação que não obedeçam aos princípios de back off.

6.3. <u>Comparação entre SLAS da Nuvem Existente</u>

<u>Prestadores de serviços</u>

Nesta secção, exploramos a forma como diferentes fornecedores de serviços em nuvem implementam o SLA. As caraterísticas escolhidas para fins de comparação são selecionadas com base nas semelhanças dos atributos dos SLAs de nuvem que examinámos. Os resultados da comparação podem ser encontrados na Tabela 15. Além disso, há uma série de etapas desenvolvidas pelo conselho de clientes de padrões de nuvem que apresenta uma série de dez etapas para o consumidor do serviço de nuvem avaliar e basear sua negociação com o fornecedor de nuvem. As etapas são explicadas resumidamente a seguir:

1.   Compreender as funções e as responsabilidades: As AUPs (políticas de utilização aceitável) são a principal preocupação do consumidor da nuvem. Revê-las minuciosa e cuidadosamente permite ao consumidor compreender exatamente quais são as suas funções e responsabilidades, bem como as funções e responsabilidades dos fornecedores de serviços em nuvem.

2.   Avaliar as políticas a nível empresarial: Ao analisar o SLA, o consumidor deve ter em

conta as principais questões políticas, uma vez que as políticas do SLA, a estratégia e a política da empresa são, de certa forma, dependentes.

3.   Compreender as diferenças entre os modelos de serviço e de implantação: Esta etapa é para garantir que o consumidor entenda qual é o modelo de serviço da nuvem (SaaS, PaaS ou IaaS), quais são suas caraterísticas? Quais são os seus objectivos e KPI's? Além disso, compreender o modelo de implantação da nuvem apresentado no contrato de serviço (privado, público, comunitário ou híbrido). É fundamental que os consumidores compreendam as diferenças entre esses modelos para selecionar o que melhor se adequa às suas necessidades.

4.   Identificar os objectivos críticos de desempenho: Quatro componentes-chave são considerados nesta etapa: compromisso de serviço, créditos, processo de crédito e exclusões.

5.   Avaliar os requisitos de segurança e privacidade: As garantias de segurança e privacidade devem ser óbvias, distintas e constar de documentos claros. Deve ser tida em consideração a privacidade dos dados do consumidor.

6.   Identificar os requisitos de gestão do serviço: Os consumidores devem seguir passos razoáveis para garantir que o fornecedor está a gerir corretamente o nível de serviço.

7.   Prepare-se para o gerenciamento de falhas de serviço: Considerando as ofertas de nuvens públicas, os consumidores devem ter em mente o possível impacto da falha de serviço nas suas operações comerciais.

8.   Compreender o plano de recuperação de desastres: O consumidor deve planear principalmente para casos de desastres, pois as precauções tomadas pelo fornecedor de serviços de computação em nuvem podem não ser suficientes para garantir a satisfação do consumidor.

9.   Definir um processo de gestão eficaz: Normalmente, os consumidores esperam uma boa gestão por parte do fornecedor de serviços de computação em nuvem para qualquer problema que possam encontrar. Na verdade, não é esse o caso. Os SLAs de nuvem simultâneos não contêm a entrega do processo de gerenciamento do consumidor-provedor.

10.   Compreender o processo de saída: Cada SLA de nuvem deve conter uma cláusula de saída. Uma cláusula de saída descreve em pormenor a forma como o processo de saída deve ser tratado, o que o fornecedor e o consumidor têm de fazer em caso de rescisão do contrato.

SLA characteristic / cloud provider	Amazon EC2 [48]	Microsoft Azure Storage [49]	Rackspace Cloud Servers [50]	Dell Boomi [51]	Google Cloud Storage [52]
Type of cloud service	IaaS	PaaS	IaaS	SaaS	PaaS
Service Provider Discovery	Manual discovery	Manual discovery	Manual discovery	Manual discovery	Manual discovery
Service Availability	<99.95%	<99.9%	100% excluding scheduled maintenance periods down time	<99.9% Service is down for 1 minute once a week for scheduled maintenance	>=99.9%
SLA Outlining	Predefined terms and QoS parameters	Predefined terms and QoS parameters	Predefined terms	Predefined terms and QoS parameters	Predefined terms and QoS parameters
Agreement Establishment	SLA document provisioned by the provider	SLA document provisioned by the provider	SLA document provisioned by the provider	SLA document provisioned by the provider	SLA document provisioned by the provider
Service Management & Monitoring	Third party monitoring systems can be used under the terms of Amazon's AWS Agreements	Management services are delivered by the provider. Consumer can use third party monitoring systems	Provider offers proactive infrastructure monitoring, operating sys maintenance and patching, application maintenance	Provider offers system upgrades and scheduled maintenance and emergency maintenance	Third party monitoring systems can be used
SLA Violation Credits (provider penalty)	Monthly Uptime %: 99.0% – <99.95% → Credits 10%; <99% → Credits 30%	Monthly Uptime %: <99.9% → Credits 10%; <99% → Credits 25%	5% for each 30 minutes network or infrastructure downtime and 5% for each additional hour up to 100% of the fees	Users are not entitled to a credit if they are in breach of their services agreement with Rackspace	Monthly Uptime %: 99.0% – <99.9% → Credits 10%; 95.0% – <99.0% → Credits 25%; <95.0% → Credits 50%
SLA Exclusion	The service commitment does not apply to any unavailability, suspension or termination or performance issues that are due to the reasons stated in the SLA	SLA commitment doesn't apply in case any of the performance & availability issues stated in the SLA Exclusion section happens	Users are not entitled to a credit if they are in breach of their services agreement with Rackspace	Customer shall not receive any credits under this SLA in connection with any failure or deficiency of Service Availability caused by or associated with cases stated in it	The SLA does not apply to few exceptional cases stated in the document

Quadro 15: Comparação entre os SLAS dos fornecedores de serviços de computação em nuvem existentes

CAPÍTULO VII Análise da segurança e das suas implicações no contexto dos acordos de nível de serviço de computação em nuvem

7.1. Segurança nos SLAs

A segurança continua a representar um dos principais limites à adoção da computação em nuvem. Não são raros os casos em que os fornecedores de serviços em nuvem (CSP) oferecem mecanismos de segurança *não transparentes*, incorporados nos sistemas, que não são negociáveis e, acima de tudo, são vulneráveis. A abordagem comum seguida pelos prestadores de serviços de computação em nuvem é uma solução do tipo sim/não: fornecem (ou declaram que fornecem) o nível de segurança mais elevado disponível com as suas soluções tecnológicas.

Embora a disponibilidade e o desempenho do serviço sejam frequentemente identificados como questões críticas, o principal obstáculo à adoção de serviços de computação em nuvem é a garantia: como pode um potencial cliente ter a certeza de que é seguro colocar dados e aplicações na nuvem? Uma vez que o SLA é utilizado para indicar explicitamente as obrigações do fornecedor, os mecanismos de segurança implementados, a sua eficácia e as implicações de uma eventual má gestão devem fazer parte deste acordo. Este conceito também é conhecido como Qualidade da Proteção (QoP), que compreende a capacidade de um fornecedor de serviços de prestar serviços de acordo com um conjunto de requisitos de segurança específicos. Um quadro normalizado para a construção de um SLA na Nuvem, baseado em níveis garantidos destes atributos e nas consequências de uma má gestão, é, por conseguinte, da maior importância para a criação de serviços de computação em Nuvem fiáveis e dignos de confiança. Isto inclui a clarificação das consequências da eventual incapacidade de um fornecedor de serviços de prestar o serviço em conformidade com o contrato. A figura 11 apresenta a estrutura básica de um SLA deste tipo.

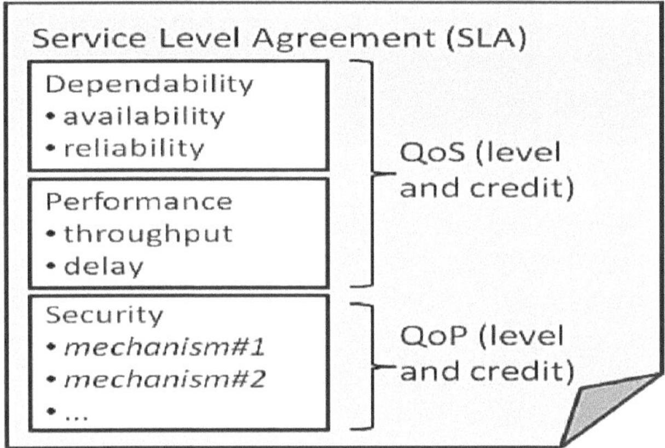

Figura 11: A estrutura básica de um SLA com garantias de fiabilidade, desempenho e segurança

7.2. <u>MECANISMOS DE SEGURANÇA PARA SLAs DE CLOUD</u>

Voltando ao SLA de computação em nuvem descrito na **Figura 11**, para identificar os mecanismos de segurança a incluir no contrato, é necessário analisar as ameaças à segurança associadas à computação em nuvem. Como explicado na introdução, a computação em nuvem apresenta alguns desafios de segurança fundamentalmente novos, para além dos tradicionais. A computação em nuvem tem cinco caraterísticas importantes, nomeadamente

i) autosserviço a pedido, ii) acesso alargado à rede, iii) agrupamento de recursos, iv) elasticidade rápida e v) serviço medido. O aspeto "a pedido" deve ser tido em conta quando se fornecem SLAs na nuvem, dado que um SLA também deve poder ser composto a pedido. O acesso à rede não apresenta novos desafios de segurança, mas a segurança da rede torna-se ainda mais importante na Nuvem, onde grandes quantidades de dados confidenciais são regularmente transmitidas através da Internet pública. O agrupamento de recursos e a rápida elasticidade apresentam alguns novos desafios no que respeita à segurança, como se descreve a seguir. Além disso, identificámos três categorias de mecanismos de segurança que requerem uma atenção especial na computação em nuvem e que, por conseguinte, devem fazer parte do SLA. Trata-se do controlo do acesso, da verificação da auditoria e da conformidade e da gestão e resposta a incidentes. Juntamente com o agrupamento seguro de recursos e a elasticidade segura, estas cinco categorias podem ser utilizadas numa abordagem estruturada para escolher os mecanismos de segurança corretos para um determinado serviço.

7.2.1. Pooling seguro de recursos

Atualmente, o agrupamento de recursos na computação em nuvem é conseguido através da utilização da virtualização, quer ao nível do hardware, quer ao nível da aplicação. Ambas as técnicas permitem o multilocatário, ou seja, diferentes utilizadores partilham os mesmos recursos, e a virtualização garante o isolamento dos dados e das aplicações pertencentes a diferentes utilizadores. A partilha de recursos físicos na Nuvem dá origem a novas ameaças à segurança. Uma das mais iminentes é o acesso não autorizado a aplicações ou dados através do hipervisor, que pode ocorrer se o isolamento adequado das aplicações e dos dados não for conseguido. Por conseguinte, é necessário garantir que existem mecanismos de proteção e que estes são indicados no SLA. No quadro descrito na Figura 2, isto é ilustrado como RP1: isolamento dos dados e RP8: isolamento das aplicações", que estão relacionados com os serviços de armazenamento e os serviços de processamento, respetivamente. Além disso, a partilha de recursos implica que os clientes precisam de garantias de que os seus bens permanecem confidenciais (RP3: cifragem dos dados) e estão protegidos em termos de integridade (RP6: integridade dos dados, RP12: integridade das aplicações), de que os seus dados e aplicações são devidamente eliminados do hardware físico quando solicitados (RP2: eliminação dos dados) e de que os dados podem ser recuperados internamente, se necessário (RP5: portabilidade dos dados, RP7: cópia de segurança dos dados).O cliente deve também ter a possibilidade de impor restrições à localização geográfica do armazenamento e do processamento (RP4: localização dos dados, RP9: localização das aplicações). No que se refere aos serviços de rede (dentro da Nuvem, entre os centros de dados da Nuvem e entre a Nuvem e as instalações do cliente), o cliente deve certificar-se de que o seu tráfego está devidamente protegido (RP13: encriptação da rede, RP15: proteção da integridade) e isolado do tráfego de outros clientes (RP14: isolamento do tráfego).

7.2.2. Elasticidade segura

A computação em nuvem promete uma rápida escalabilidade dos recursos, aumentando e libertando recursos conforme necessário. Esta elasticidade é também possibilitada pela virtualização. A adição de mais recursos virtuais na mesma máquina física não representa, por si só, qualquer nova ameaça, mas a migração de recursos virtuais para novos recursos físicos exige um processo de migração seguro (E1: migração segura de dados, E2: migração segura de máquinas virtuais), incluindo a transferência efectiva da rede. Também é necessário garantir que o novo recurso físico cumpra os mesmos requisitos de segurança.

7.2.3. Controlo de acesso

O controlo de acesso é especialmente importante na Nuvem, onde tanto os clientes concorrentes que partilham os mesmos recursos como o pessoal interno podem tentar obter acesso não autorizado aos dados do cliente. A fonte também deve ser protegida contra o acesso remoto não autorizado. Por isso, é crucial garantir que são implementados mecanismos de controlo de acesso adequados (AC1:Gestão de identidades, AC2:Gestão de acessos, AC3:Gestão de chaves) e que existem restrições rigorosas sobre, por exemplo, quem pode entrar nos centros de dados da Nuvem (AC4:Controlo de segurança interna).

7.2.4. Auditoria e verificação

A possibilidade de auditar e verificar a segurança de um serviço é, muitas vezes, crucial para o cliente; no entanto, na Nuvem, esta não é, muitas vezes, uma prática comum. Os clientes podem exigir acesso aos registos do servidor, aos registos de tentativas de início de sessão falhadas ou aos registos de alteração da base de dados (AU1: Registo) e, por vezes, também a possibilidade de auditar a atividade em recursos específicos da Nuvem (AU2: Auditoria). Além disso, os clientes podem querer certificar-se de que existe um sistema de certificação de segurança e que este está adaptado à infraestrutura de computação em nuvem (AU3: Certificação). Os clientes também podem ter preocupações com a privacidade (AU4: Privacidade do cliente).

7.2.5. Gestão e resposta a incidentes

Para garantir que o fornecedor de serviços de computação em nuvem detecte e responda às ameaças, o SLA pode conter mecanismos de deteção de intrusões e de malware (IM1:Deteção de intrusões, IM2:Deteção de malware), que as violações de segurança sejam registadas e comunicadas (IM3:Comunicação de violações), que os dados e as aplicações possam ser reconstruídos em caso de catástrofes (IM4:Recuperação) e que sejam implementados mecanismos para prevenir e atenuar os ataques DoS (IM5:Atenuação de DoS). O quadro da figura 12 representa um primeiro passo para um SLA sensível à segurança. O objetivo da estrutura é servir de base para a construção de um SLA para um serviço de nuvem específico, identificando os mecanismos de segurança que devem ser declarados no SLA.

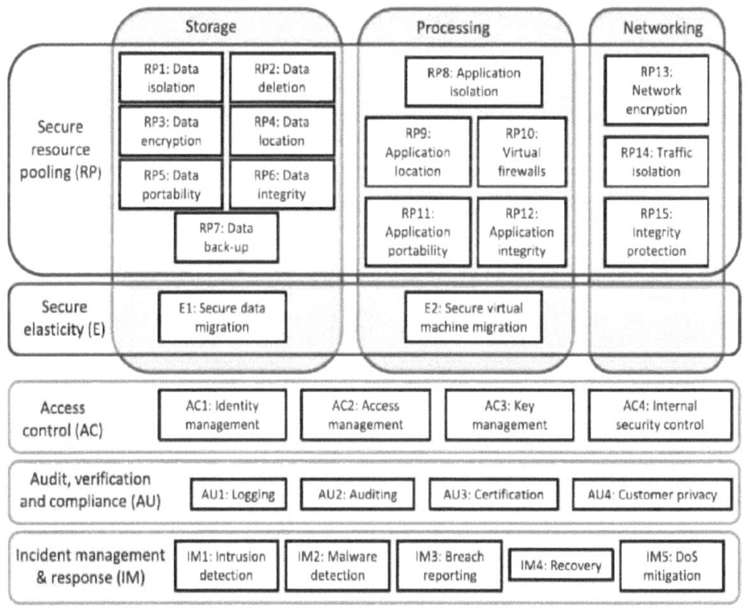

Figura 12: Um quadro de mecanismos de segurança para os SLA na nuvem

7.3. Considerações legais para SLAs de segurança

Normalmente, o SLA faz parte de um Master Service Agreement (MSA). O MSA tem muitas partes, incluindo a descrição do serviço, os requisitos de confidencialidade, a indemnização, a cobertura de seguro, os compromissos de continuidade da atividade, a utilização aceitável, a política de segurança e privacidade e o SLA. Nestes outros documentos podem encontrar-se métricas e objectivos. Estes também devem ser cuidadosamente revistos para determinar se proporcionam uma atenuação suficiente do risco e garantir que não existem compromissos contraditórios (por exemplo, compromissos da política de segurança relativos à aplicação de correcções contraditórios com os compromissos do SLA). Para além de fornecer objectivos mensuráveis para a prestação de serviços, são normalmente identificadas soluções quando as obrigações de SLA não são mantidas. Como mencionado anteriormente, nem todas as métricas são iguais. Por conseguinte, são atribuídos pesos às métricas como incentivo para assegurar que os serviços do fornecedor são mantidos a níveis de compromisso pré-determinados. Para além do peso, algumas métricas podem ter uma cláusula segundo a qual as falhas recorrentes dentro de um período de tempo finito têm multiplicadores. Por exemplo, uma falha no objetivo do nível de serviço no mês 1 é de 5%, uma falha subsequente no mês 2 é de 10% e uma falha subsequente no mês 3 é de 20%. Alguns serviços em nuvem representam processos comerciais complexos e exigem investimentos significativos para serem integrados antes de entrarem em operação (por exemplo, ERP, CRM, etc.).

A recuperação de dados e a redistribuição para outro fornecedor de serviços (ou internamente) pode exigir meses ou mesmo anos para ser executada. Por conseguinte, as ponderações e os multiplicadores para as métricas de SLA são muito importantes para os clientes que não estão preparados para abandonar um fornecedor num curto espaço de tempo. Os serviços dos fornecedores evoluem e melhoram com o tempo. Isto é especialmente verdadeiro para os serviços relacionados com a computação em nuvem. Devido a esta condição, o fornecedor oferecerá novos objectivos de serviço (por exemplo, testes recorrentes de penetração de aplicações Web a cada 90 dias) e compromissos de qualidade de serviço melhorados (por exemplo, criação de contas em menos de 4 horas em comparação com o dia seguinte). Este facto deve ser tido em conta na negociação do MSA. Se o fornecedor oferecer estes novos compromissos após a assinatura do MSA, o MSA deve ser redigido de forma a que o cliente herde automaticamente estes novos compromissos de serviço sem renegociar o contrato e os preços. Os fornecedores recorrem frequentemente a parceiros comerciais para ajudar a fornecer a oferta total de serviços. Raramente um fornecedor utiliza exclusivamente os seus próprios recursos para prestar serviços "de cima para baixo". Este conjunto de recursos é normalmente designado por Cloud Federation. Por exemplo, o fornecedor pode fornecer a aplicação empresarial (por exemplo, modelo de software como serviço), mas a infraestrutura de base pode ser fornecida e mantida por um parceiro empresarial externo (por exemplo, modelo de infraestrutura como serviço). As federações de nuvem funcionam distribuindo serviços e riscos operacionais para fornecedores especializados em serviços específicos (por exemplo, hospedagem de data center, serviços de administrador de banco de dados, gerenciamento de virtualização, integração de aplicativos etc.). Esta abordagem pode ser benéfica para o fornecedor maximizar a eficiência, aumentar a escalabilidade e reduzir os custos. Esses são basicamente os mesmos benefícios que os clientes do endpoint Cloud desfrutam. Com as Federações de

Nuvem, os principais controles de segurança do cliente podem estar sob a responsabilidade de um terceiro com o qual o cliente não tem relação direta e legal. A propagação de riscos (e a atribuição de responsabilidades) deve, portanto, ser claramente compreendida pelo cliente da nuvem. "A avaliação de fraqueza e a análise de vulnerabilidade devem ser abstraídas, ou seja, não baseadas em detalhes específicos do sistema, e tornadas relevantes para o domínio externo da nuvem com caixa preta... para evitar cenários de violação e, assim, garantir a conformidade do controle de segurança." (Hale e Gamble, 2012). Além disso, as certificações de segurança (por exemplo, ISO 27001, SSAE 16, PCI DSS, etc.) podem ser detidas pelo terceiro e não pelo fornecedor com o qual o cliente contratou. Isto cria um potencial problema de conformidade, bem como uma responsabilidade não intencional. Ao negociar os contratos de serviço principais e os objectivos de nível de serviço, o cliente deve ter uma noção clara do envolvimento de terceiros e da propagação do risco. Deve haver um entendimento mútuo de que os SLAs se aplicam ao fornecedor e ao(s) agente(s) do fornecedor. O calendário para a negociação do SLA é importante. A recomendação de codificar os controles de segurança num contrato formal era uma boa ideia no passado quando se negociava a externalização tradicional do centro de dados e continua a ser um bom conselho hoje em dia com os modernos serviços na nuvem. Esperar até que o contrato seja assinado para estabelecer um Acordo de Nível de Serviço prejudica gravemente o cliente e apresenta uma oportunidade para riscos não planejados. Além disso, os contratos que fazem referência a documentos internos do fornecedor e a material de marketing podem resultar num alvo móvel. Os compromissos que existiam nos materiais de marketing ou nas normas do fornecedor na altura da negociação (por exemplo, encriptação e destruição de dados) podem não ser mantidos. O SLA é uma parte essencial da relação cliente-fornecedor e deve ser formalmente estabelecido no início do contrato - não informalmente como um URL de site que pode mudar sem aviso prévio. Os fornecedores de nuvem fornecem uma variedade de maneiras de relatar o desempenho do nível de serviço. Em alguns casos, o relatório é semelhante ao de um contrato de terceirização, no qual o fornecedor apresenta relatórios mensais (proativamente ou mediante solicitação do cliente). Esta abordagem está a começar a desaparecer, uma vez que o custo de produção destas métricas pode ser significativo. Uma tendência crescente é apresentar as provas em linha para análise do cliente. As evidências do compromisso com os controlos de segurança, incluindo as Garantias de Serviço e os SLAs que são comuns a vários locatários, também estão a ser apresentadas às autoridades de segurança da nuvem que servem como organizações informais de certificação e acreditação. Por exemplo, a Cloud Security Alliance criou o Registo de Segurança, Confiança e Garantia (CSA, 2014) em 2011. O CSA STAR é um registo gratuito e acessível ao público que documenta os controlos de segurança fornecidos por várias ofertas de computação em nuvem. Os prestadores de serviços de computação em nuvem têm a opção de preencher o questionário de asserção de controlo CSA STAR para demonstrar o devido cuidado e satisfazer os requisitos de prova do cliente. O programa baseia-se numa estrutura de certificação aberta que começa com a afirmação do fornecedor, passando pela certificação de terceiros (como a da SSAE 16 ou da PCI) e, finalmente, pela certificação baseada na monitorização contínua. Por último, as auditorias formais dos controlos podem ser realizadas utilizando a mesma abordagem que as utilizadas para os centros de dados. Por exemplo, o registo ISO 27001, o relatório AICPA/ISAE SOC1/SOC2 e a avaliação do fornecedor de serviços PCI DSS (Payment Card Industry Data Security Standard) são considerações comuns para os fornecedores de serviços na nuvem. Em alguns casos, esses padrões de auditoria podem ser exigidos para fazer negócios e serão uma condição do Contrato Principal de Serviços. Depender exclusivamente de uma auditoria para confirmar a eficácia dos controlos de segurança uma vez por ano pode ser aceitável para algumas ofertas de serviços em nuvem. A garantia de um auditor uma vez por ano pode não ser adequada para os clientes que pretendem transportar, armazenar ou processar dados confidenciais. Nestas condições, os Acordos de Nível de Serviço proporcionam a continuidade da visibilidade da eficácia operacional dos controlos e uma melhor resposta ao risco no momento em que um controlo falha ou próximo dele.

7.3.1. Critérios de seleção para SLAs de segurança

As normas SLA propostas neste documento centram-se nos controlos de segurança para a computação em nuvem. O NIST SP800-53 propõe a existência de 18 famílias de controlos de segurança organizadas em 3 classes. As famílias são atribuídas às suas respectivas classes com base nas caraterísticas dominantes dos controlos nessa família. A organização destes controlos de segurança pode ser útil para determinar a forma como as condições do Acordo de Nível de Serviço devem ser apresentadas no Contrato Principal de Serviços. A tabela 16 que se segue enumera os controlos de segurança do NIST em classes técnicas, operacionais e de gestão.

Técnica	Operacional	Gestão
(AC) Controlo de acesso (AU) Auditoria e responsabilização (IA) Identificação e autenticação (SC) Proteção do sistema e das comunicações	(AT) Sensibilização e Formação (CM) Gestão da Configuração (CP) Planeamento de Contingência (IR) Resposta a Incidentes (MA) Manutenção (MP) Proteção dos meios de comunicação (PE) Proteção física e ambiental (PS) Segurança do pessoal (SI) Integridade do sistema e da informação	(CA) Certificação, acreditação e avaliação da segurança (PL) Planeamento (RA) Avaliação dos riscos (SA) Aquisição de sistemas e serviços (PM) Gestão de programas

Quadro 16: 18 famílias e 3 classes de controlo NIST SP800-53

Para a classe técnica, os controlos de segurança são geralmente baseados em arquitecturas ou políticas. Geralmente, estes controlos seriam definidos como parte de uma política de segurança da informação. Uma abordagem poderia consistir em fazer com que o contrato de serviços principal estipulasse que o fornecedor deve ter uma política de segurança da informação que exija esta classe de controlos, incluindo a desativação automática de contas inactivas após um período de tempo finito (AC-02), a encriptação para proteger a confidencialidade das sessões de acesso remoto (AC-17), a revisão/análise regular dos registos de auditoria para detetar indicações de atividade inadequada ou invulgar (AU-06), carimbos de data/hora para utilização na geração de registos de auditoria (AU-08), autenticação multifactor (AI-02), isolamento de funções (SC-03) e proteção da confidencialidade das informações transmitidas (SC-09). O exame desses controlos é normalmente realizado por um profissional de segurança terceirizado contratado pelo fornecedor de nuvem anualmente, e a abordagem de auditoria pode ser baseada em um padrão confiável (por exemplo, ISO27001, SOC 2, etc.). A ausência destes controlos técnicos pode ser motivo suficiente para a rescisão do contrato. Por este motivo, anexar uma política de segurança da informação pode ser mais eficaz do que criar uma métrica de nível de serviço única para cada um dos controlos de segurança desta família. A classe de controlos de segurança de gestão é semelhante à família dos controlos técnicos, na medida em que as obrigações podem ser indicadas no contrato-quadro de serviços sem métricas complexas. Os controlos de segurança de gestão podem ser examinados por um auditor externo para confirmar que os controlos estão em vigor e são praticados. Por exemplo, o contrato principal de serviços pode indicar que deve ser efectuada anualmente uma avaliação de riscos (RA-03), que deve ser efectuada mensalmente uma análise de vulnerabilidades e imediatamente após cada alteração significativa (RA-05) e que deve ser apresentada anualmente uma política de utilização aceitável para revisão e assinatura (PL-04). A ausência destes controlos de gestão pode ser motivo suficiente para a rescisão do contrato do fornecedor de serviços de computação em nuvem. Por este motivo, anexar estes requisitos ao contrato principal de serviços com uma simples obrigação no local pode ser mais eficaz do que criar uma métrica de nível de serviço única para cada um dos controlos de segurança desta família. A classe operacional de controlos de segurança exige geralmente uma monitorização frequente e recorrente para demonstrar um cuidado comercialmente razoável. Confiar num atestado de gestão ou numa auditoria uma vez por ano pode não demonstrar suficientemente a eficácia operacional nem gerir o risco. Por conseguinte, estes controlos prestam-se a Objectivos de Nível de Serviço (SLO). Com base na avaliação dos activos e no modelo de nuvem, o cliente pode ter requisitos específicos, incluindo o controlo de alterações de configuração (CM-03), DR/BCP (CP-02), tratamento de incidentes (IR-04), monitorização da intrusão de acesso físico (PE-06), aplicação de patches (SI-02), prevenção de malware (SI-03), deteção de intrusão (SI-04) e tratamento de erros (SI-11). Por conseguinte, a classe operacional de controlos de segurança do NIST constitui uma referência útil para determinar as métricas do SLA. Uma vez que não é possível satisfazer todas as indústrias e requisitos comerciais com um conjunto único e universal de normas de controlo de segurança, as obrigações de nível de serviço partilham as mesmas limitações. Esta secção propõe uma linha de base mínima que se destina a ser amplamente adoptada por todos os fornecedores de serviços em nuvem. As normas são categorizadas por modelo de serviço em nuvem (IaaS, PaaS e SaaS). Como cada modelo de serviço em nuvem se baseia no modelo de serviço subjacente, os padrões de SLA de segurança seguem a mesma abordagem. As normas de SLA de segurança propostas para PaaS destinam-se a incluir IaaS. As normas de SLA de segurança para SaaS destinam-se a incluir IaaS e PaaS. Requisitos regulamentares adicionais (por exemplo, Health Insurance Portability and Accountability Act), contratados (por exemplo, Payment Card Industry) e comerciais podem complementar esta linha de base.

7.3.2. Principais métricas para SLAs de IaaS

Como já foi referido, a infraestrutura como serviço (IaaS) é um dos três modelos de prestação de serviços em nuvem. A IaaS destina-se a fornecer infra-estruturas informáticas básicas num ambiente virtual, de modo a que o consumidor não tenha de adquirir activos. Normalmente, o cliente assume substancialmente todos os riscos de segurança dos dados e das aplicações. Ao passar do IaaS para o PaaS e para o SaaS, é introduzida uma maior abstração tecnológica, reduzindo a visibilidade direta do cliente e o seu controlo sobre o ambiente. Existem alguns componentes da infraestrutura, como a rede, aos quais o cliente não terá acesso, mas que são fundamentais para o programa de segurança. Estes exigem obrigações de nível de serviço para o fornecedor, uma vez que o cliente não tem acesso "prático" para configurar ou examinar os controlos de segurança associados. Esta secção propõe as principais normas de SLA de segurança para estes componentes comuns à IaaS, uma vez que desempenham um papel importante no programa de segurança da informação. As fontes autorizadas identificadas e alinhadas com as métricas propostas são o NIST SP800-53r4 (NIST), a Cloud Security Alliance Cloud Control Matrix v3.01 (CSA) e a ISO 27001-2013 (ISO). As referências à secção específica de cada fonte autorizada são fornecidas com cada recomendação de SLA para orientação adicional.

#	Principais SLAs de segurança	NIST	CSA	ISO
1	Controlo de alterações e gestão da configuração	CM	CCC	A12.1.2
2	Gestão de activos do centro de dados	CM	DCS	A8.1.1
3	Recuperação de desastres e planeamento da continuidade das actividades	PC	BCR	A.17.1.3
4	Configuração segura e reforço do servidor	CM	SIV	A.12.5.1
5	Malware e prevenção de intrusões	SI	TVM	A.12.2.1
6	Vulnerabilidade da rede e testes de penetração	RA	SIV	A.14.2.3
7	Ciclo de vida do software e gestão de patches	SA	TVM	A.12.6.1
8	Tratamento de incidentes de segurança	IR	SEF	A.16
9	Protocolos de rede seguros e transporte de dados	SC	IPY	A.13
10	Registo de eventos de segurança	UA	SIV	A.12.4

Tabela 17 : Principais métricas do acordo de nível de serviço de segurança para IaaS

7.3.3. Principais métricas para SLAs de PaaS

Esta secção propõe as principais normas SLA de segurança para a PaaS. Estas normas vêm juntar-se às normas de SLA para IaaS já mencionadas. São propostas várias novas métricas de SLA para PaaS (por exemplo, interfaces seguras de aplicações e programas). Algumas normas SLA são listadas novamente, reflectindo a mudança de âmbito entre IaaS e PaaS. Por exemplo, o controlo de alterações e a gestão da configuração não se aplicam apenas à infraestrutura, mas também ao middleware, às bases de dados e aos componentes de mensagens introduzidos como parte da PaaS. Há mais "partes móveis" na PaaS em comparação com a IaaS. Para fornecer a PaaS, vários fornecedores podem estar a colaborar, criando uma federação de nuvens. Por exemplo, podem ser contratados fornecedores distintos para os serviços de centro de dados, rede, sistemas, base de dados e middleware. Por conseguinte, podem ser necessários alguns esclarecimentos durante a negociação do SLA para compreender a fonte real da métrica e a responsabilidade pelos relatórios.

#	Principais SLAs de segurança	NIST	CSA	ISO
1	Controlo de alterações e gestão da configuração	CM	CCC	A12.1.2
2	Interfaces seguras de aplicações e programas	SC	AIS	A.14.1.3
3	Recuperação de desastres e planeamento da continuidade das actividades	PC	RBC	A.17.1.3
4	Configuração segura	CM	SIV	A.12.5.1
5	Prevenção de intrusões	SI	TV M	A.14.1.2
6	Testes de vulnerabilidade e penetração	RA	SIV	A.14.2.3
7	Ciclo de vida do software e gestão de patches	SA	TV M	A.12.6.1
8	Proteção/Portabilidade/Retenção/Destruição de dados	PM	DSI	A.8
9	Encriptação e gestão de chaves	SC	EK M	A.10.1.2
1 0	Registo de aplicações e bases de dados	UA	SIV	A.12.4

Tabela 18 : Principais métricas do acordo de nível de serviço de segurança para PaaS

7.3.4. Principais métricas para SLAs de SaaS

Esta secção propõe as principais normas SLA de segurança para SaaS. Os principais SLAs de segurança de IaaS e PaaS são cumulativos e se aplicariam a um ambiente de SaaS. Para além desta abordagem cumulativa, vale a pena notar que algumas das mesmas métricas de segurança fundamentais estão listadas nos três modelos de serviços em nuvem (por exemplo, recuperação de desastres, prevenção de intrusões, ciclo de vida do software e gestão de patches, etc.). Essas métricas permanecem relevantes porque os requisitos de segurança e as obrigações de operações para atender a esses requisitos são substancialmente diferentes para cada modelo de serviço em nuvem. A análise da cadeia de destruição de intrusões demonstra que os ataques cibernéticos passaram a utilizar a infraestrutura, a plataforma e o software para obter acesso não autorizado a dados confidenciais (USSCCST, 2014). Cada nível de serviço de nuvem introduz novas superfícies de ataque. Os mecanismos de deteção e prevenção de intrusão são diferentes para cada nível de serviço de nuvem porque as ameaças aumentam. Portanto, as métricas de SLA de segurança permanecem em todas as três recomendações de modelo de serviço.

#	Principais SLAs de segurança	NIST	CSA	ISO
1	Gestão de alterações e lançamentos	CM	CCC	A12.1.2
2	Interfaces seguras de aplicações e programas	SC	AIS	A.14.1.2
3	Recuperação de desastres e planeamento da continuidade das actividades	PC	BCR	A.17.1.3
4	Configuração segura	CM	SIV	A.12.5.1
5	Prevenção de intrusões	SI	TVM	A.14.1.2
6	Testes de vulnerabilidade e penetração	RA	SIV	A.14.2.3
7	Ciclo de vida do software e gestão de patches	SI	TVM	A.12.6.1
8	Práticas de codificação segura	AT	HRS	A.14.2
9	Gestão do acesso à identidade	AC	IAM	A.9.2

Tabela 19 : Principais métricas do acordo de nível de serviço de segurança para SaaS

7.4. <u>Serviços de segurança geridos</u>

A segurança está a tornar-se cada vez mais importante para as empresas, especialmente devido ao alargamento das redes a ambientes de missão crítica, com novas aplicações de intranet e extranet e de comércio eletrónico. Um número crescente de empresas recorre aos serviços de outsourcing na área da segurança, com o objetivo de delegar eficazmente a gestão das suas infra-estruturas de segurança para se concentrarem no seu corebusiness. Dado que os padrões de ataque informático se alteram e as ameaças às redes mudam e crescem quase diariamente, é fundamental que as organizações consigam uma segurança da informação fiável. As decisões de investimento sobre a segurança da informação são melhor consideradas no contexto da gestão do risco empresarial. Os riscos podem ser aceites, atenuados, evitados ou transferidos. Uma organização precisa entender o nível de risco de segurança da informação na terceirização de qualquer serviço de segurança gerenciado ao desenvolver a Solicitação de Proposta (RFP). Os custos de aquisição, operação e gestão da prestação de serviços do fornecedor, incluindo a análise da conformidade com o Acordo de Nível de Serviço (SLA) e o contrato global, não devem exceder o benefício previsto.

O conjunto de Managed Security Services inclui:

> Serviços geridos para Firewall

> Rede privada virtual (VPN) gerida

> Sistemas de deteção de intrusão geridos (IDSs)

> Serviços geridos de antivírus e de filtragem de conteúdos

> Avaliações de risco de segurança da informação geridas

> Avaliação da vulnerabilidade

> Avaliação de vulnerabilidades e testes de penetração

> Arquivo e restauro de dados

> Consultoria no local

> Monitorização da segurança (pode ser incluída na proteção dos limites da rede)

> Resposta a emergências e análise forense (este serviço pode ser complementar à monitorização da segurança)

> Avaliações de risco de segurança da informação

O conjunto completo de Managed Security Services destina-se a todas as empresas que, a baixo custo, pretendam manter elevados níveis de segurança e controlo da sua infraestrutura, pretendendo concentrar os recursos internos nas suas actividades principais. As principais vantagens da adoção de serviços a cargo do NOC (Network Operation Center) são:

> **Redução de custos:** As empresas externalizam actividades que não são o seu core business e reduzem o custo das operações relacionadas com a monitorização contínua da sua infraestrutura de segurança (firewall, IDS/IPS, antivírus, etc.).

> **Continuidade do negócio:** A suite Managed Security Services ajuda-o a identificar potenciais problemas de segurança e a resolvê-los de forma proactiva. Isto resulta numa melhor continuidade de serviço para a rede, sistemas e aplicações: uma abordagem proactiva para proteger os seus dados, produtividade e serviço ao cliente.

> **Otimização de recursos:** Possibilidade de o cliente se concentrar nas suas actividades principais, com ênfase nos processos/serviços e nas tecnologias. O cliente não tem o ónus de gerir tecnologias complexas, em constante mudança.

7.4.1. Vantagens de contratar um fornecedor de MSS

Os resultados da contratação de um MSSP reputado e competente têm o potencial de ser muito superiores a tudo o que uma organização pode alcançar por si só. Nesta secção são descritas as razões para contratar um MSSP e alguns dos benefícios que podem resultar da relação. Todos estes factores podem contribuir para reduzir os riscos enfrentados pelo cliente através de uma combinação de mitigação de riscos e partilha de riscos/responsabilidades entre o cliente e o MSSP.

Custo: O custo de um serviço de segurança gerido é normalmente inferior ao da contratação interna de especialistas em segurança a tempo inteiro. Um MSSP é capaz de distribuir o investimento em analistas, hardware, software e instalações por vários clientes, reduzindo o custo por cliente. Como exemplo, um

MSSP afirma que pode configurar e monitorizar a segurança de uma rede de 250 utilizadores num único gateway de Internet T1 (1,5 Mbps) por cerca de 75.000 dólares por ano, excluindo hardware. Replicar estas acções dentro da organização produz custos de hardware semelhantes, mais pelo menos 240.000 dólares de compensação anual para contratar três especialistas a tempo inteiro, com base nos dados do mais recente Salary Survey 2 da revista InformationWeek. Uma organização cliente pode converter custos variáveis (quando feitos internamente) em custos fixos (serviços), obter uma vantagem fiscal ao deduzir as despesas com taxas de MSSP dos ganhos do ano corrente em vez de depreciar os activos internos, e experimentar melhorias no fluxo de caixa resultantes da transferência de licenças de software (e possivelmente de pessoal) para o MSSP.

Pessoal: A escassez de pessoal qualificado em segurança da informação coloca uma enorme pressão sobre os departamentos de TI para recrutar, formar, compensar e manter o pessoal crítico. O custo de especialistas internos em segurança de rede pode ser proibitivo. Ao terceirizar, os custos de contratação, treinamento e retenção de pessoal altamente qualificado tornam-se uma responsabilidade do MSSP. É provável que um MSSP retenha especialistas em segurança, oferecendo uma gama de oportunidades de carreira e cargos, desde o nível de entrada até à gestão sénior, todos na área da segurança da informação. Além disso, se uma organização cliente puder subcontratar funções repetitivas de monitorização e proteção da segurança, poderá então concentrar os recursos internos em iniciativas empresariais mais críticas.

Competências: Um membro da equipa interna que só lida com a segurança a tempo parcial ou que só vê um número limitado de incidentes de segurança não é provavelmente tão competente como alguém que faz o mesmo trabalho a tempo inteiro, que vê os impactos de segurança em vários clientes diferentes e que cria soluções de segurança com uma aplicabilidade mais ampla.

Os MSSP têm uma visão das situações de segurança baseada numa vasta experiência, lidando com centenas ou milhares de situações potencialmente ameaçadoras todos os dias, e são alguns dos utilizadores mais agressivos e exigentes de software de segurança.

Instalações: Os MSSP também podem melhorar a segurança simplesmente devido às instalações que oferecem. Muitos MSSP têm centros especiais de operações de segurança (SOC) localizados em várias partes do país. Trata-se de locais fisicamente protegidos com infra-estruturas de ponta geridas por pessoal qualificado.

Objetividade e independência: Uma organização pode ter várias soluções ad hoc para lidar com os mesmos tipos de problemas de segurança. Pode não haver uma gestão da segurança ou da estratégia a nível de toda a empresa. Transferir a segurança para um fornecedor de serviços de segurança competente pode ajudar a simplificar e reforçar a postura de segurança da empresa. Um MSSP pode fornecer uma perspetiva independente sobre a postura de segurança de uma organização e ajudar a manter um sistema de controlos e equilíbrios com o pessoal interno. Um MSSP pode frequentemente fornecer uma solução integrada e mais coerente, eliminando assim esforços, hardware e software redundantes.

Sensibilização para a segurança: É difícil para uma organização rastrear e abordar todas as ameaças e vulnerabilidades potenciais, bem como os padrões de ataque, as ferramentas de intrusão e as melhores práticas de segurança actuais. Um MSSP é frequentemente capaz de obter um aviso prévio de novas vulnerabilidades e obter acesso antecipado a informações sobre contramedidas. Um MSSP pode aconselhar sobre como outras organizações lidam com os mesmos tipos de problemas de segurança. É provável que um MSSP tenha contacto com peritos de segurança internacionais altamente qualificados e especializados, bem como com outros MSSPs. Estes recursos podem ser utilizados para diagnosticar e resolver os problemas dos clientes.

Acusação: O MSSP está frequentemente bem relacionado com as agências de aplicação da lei em todo o mundo e compreende as análises forenses e as provas necessárias para apoiar com êxito os processos judiciais.

Desempenho do serviço: Quando uma organização contrata serviços de monitorização de segurança, o serviço pode apresentar resultados quase em tempo real, 24 horas por dia, 7 dias por semana e 365 dias por ano. Este é um grande contraste com um serviço interno que pode funcionar apenas durante o horário comercial normal. Os MSSP podem ser responsabilizados pelos padrões de serviço que fornecem. Garantem os níveis de serviço e asseguram a sua disponibilidade; se não o fizerem, podem ter repercussões financeiras. Os seus procedimentos operacionais são concebidos para garantir a disponibilidade ininterrupta do serviço. Além disso, se o MSSP estiver a fornecer sistemas de serviço, é da sua responsabilidade atualizar o software e o hardware e manter uma configuração de rede segura. Uma vez que os MSSP têm obrigações contratuais rigorosas para com os seus clientes e têm de manter a sua reputação no mercado, os seus procedimentos de controlo estão geralmente bem documentados e são cuidadosamente aplicados. Em todos os casos, o cliente precisa de verificar estas caraterísticas de desempenho.

Segurança e tecnologia de serviços: As soluções e tecnologias de segurança de serviços, como firewalls, sistemas de deteção de intrusão (IDS), redes privadas virtuais (VPN) e ferramentas de avaliação de vulnerabilidades, são muito mais eficazes porque são geridas e monitorizadas por profissionais de segurança qualificados. Por exemplo, quando é detectada uma intrusão, os MSSP podem utilizar uma ligação de monitorização remota para determinar se o alarme é justificado e bloquear outras acções do intruso. Um serviço gerido pode proteger a rede do cliente de pontos finais VPN não seguros. Para produtos desenvolvidos pelo MSSP e utilizados nos seus serviços, a organização cliente recebe um nível melhorado de suporte ao produto. O MSSP pode utilizar outros produtos de fornecedores terceiros como base para a prestação de serviços (como firewalls e IDSs). Com base na dimensão da base de clientes do MSSP, o MSSP poderá influenciar o fornecedor do produto para melhorar a segurança dos seus produtos, por exemplo, abordando novos ataques e vulnerabilidades.

7.4.2. Riscos na contratação de um fornecedor de MSS

Embora um MSSP possa ter pessoal mais competente para gerir os serviços de segurança, pode não ser tão eficaz na aplicação de soluções que satisfaçam as necessidades específicas do cliente. Por vezes, os

MSSP correm o risco de aplicar soluções demasiado genéricas para beneficiar o cliente. Além disso, por vezes, o pessoal do cliente é mais capaz de fornecer a melhor solução. Ao decidir contratar um MSSP, uma organização precisa de tratar a ação potencial como uma decisão de partilha de mitigação de riscos. Independentemente do papel de um MSSP, o cliente é responsável por lidar com o impacto de um risco que se tornou realidade. O cliente deve estar sempre preparado para gerir e responder aos riscos manifestados.

Há contra-argumentos e questões a considerar quando se ponderam os riscos e os benefícios acima descritos. Alguns deles são os seguintes:

Confiança: O desafio de estabelecer uma boa relação de trabalho e de criar confiança entre um cliente e um fornecedor de MSS continua a ser um obstáculo significativo na decisão de externalizar os serviços de segurança. Qualquer MSSP tem acesso a informações sensíveis do cliente e a pormenores sobre a sua postura de segurança e vulnerabilidades. A divulgação pública, intencional ou inadvertida, de tais informações pode ser extremamente prejudicial para o cliente. Um acordo de confidencialidade assinado nas fases finais das negociações do contrato pode ajudar a reduzir este risco.

Dependência: Uma organização pode tornar-se operacionalmente dependente de um único MSSP e ser grandemente afetada pela viabilidade comercial do MSSP (consulte a Prática 1, P1.1 Atributos comerciais), outros clientes e parcerias comerciais. Uma abordagem de mitigação de riscos é a subcontratação de vários fornecedores, mas isto implica custos adicionais e responsabilidades de supervisão da gestão. Uma organização precisa de examinar cuidadosamente a proposta do fornecedor para perceber se este utiliza fornecedores escalonados e como funcionam. (As organizações devem certificar-se de que tanto o cliente como o fornecedor dispõem dos controlos e equilíbrios necessários e contratuais no que respeita ao desempenho do fornecedor hierarquizado.

Propriedade: Um cliente mantém a propriedade e a responsabilidade pela operação segura da sua infraestrutura e pela proteção dos seus activos críticos, independentemente do âmbito dos serviços prestados por um MSSP. Uma organização pode começar a ignorar questões de segurança prementes devido ao pensamento "longe da vista, longe do coração", tendo delegado esta preocupação no fornecedor. O cliente deve garantir que mantém competências suficientes para cumprir a sua responsabilidade e que a linguagem do contrato e do acordo de nível de serviço apoia este facto. As abordagens de atenuação do risco incluem tornar a segurança da informação a principal responsabilidade de um ou mais membros do pessoal e gestores e realizar sessões regulares de sensibilização e formação sobre segurança dos utilizadores.

Ambiente partilhado: O ambiente operacional partilhado utilizado por muitos MSSP para servir vários clientes apresenta mais riscos do que um ambiente interno. A partilha de uma capacidade de transmissão de dados (como uma rede comum) ou de um ambiente de processamento (como um servidor de uso geral) entre vários clientes pode aumentar a probabilidade de uma organização ter acesso às informações sensíveis de outra.

Implementação: O início de uma relação de serviços de segurança geridos pode exigir uma transição complexa de pessoas, processos, hardware, software e outros activos do cliente para o fornecedor ou de um fornecedor para outro, o que pode introduzir novos riscos. Os ambientes de TI e empresariais podem exigir novas interfaces, abordagens e expectativas para a prestação de serviços. As funções e responsabilidades são frequentemente redefinidas.

Os clientes devem solicitar um calendário e uma duração da implementação, bem como um plano de implementação de alto nível, como parte da proposta de um fornecedor.

Falha na parceria: Um dos maiores riscos advém de um planeamento inadequado e incompleto e de uma comunicação e revisão pouco frequentes entre o prestador de serviços e o cliente. Esta parceria pode falhar em qualquer fase. Como qualquer relação comercial, requer atenção, cuidado e diligência.

Custos e impactos ocultos: Certos custos são negligenciados ou ignorados porque são difíceis de quantificar. Uma organização precisa de os ter em conta na sua análise de risco e nos processos de tomada de decisão antes de contratar um MSSP. Alguns dos custos ocultos e áreas onde podem surgir problemas estão listados abaixo.

>■ Custos associados à renúncia ao controlo (experiência, conhecimentos, desenvolvimento de competências associadas) de activos críticos e tecnologias de segurança

>O que acontece no final do período do contrato? O que é que acontece se o fornecedor original for à falência, se o fornecimento for deficiente ou se for mais caro quando o contrato for novamente adjudicado? Qual é o custo de mudar para um novo fornecedor?

>Um MSSP faria o trabalho com a mesma qualidade e rigor que uma organização faria por si própria?

>■ Como é que as necessidades são satisfeitas e os serviços prestados a múltiplos clientes e como é que estes são priorizados pelo MSSP?

Questões legais: Uma organização e um MSSP precisam de avaliar e discutir potenciais questões legais que possam surgir durante um incidente de segurança que envolva ambas as partes. O cliente precisa de compreender a jurisdição sob a qual o fornecedor opera, as leis e regulamentos aplicáveis, se estas leis se aplicam ou não ao cliente quando este contrata serviços do fornecedor e, em caso afirmativo, se estas leis são compatíveis com a operação do cliente e aceitáveis para o cliente. Isto também se aplica aos prestadores de serviços de nível superior.

Perguntas para o fornecedor de serviços de computação em nuvem - identificar os pontos fortes

1. Publicam os SLA e como é que estes documentos são acedidos?

2. Se não publica SLAs, publica objectivos de nível de serviço (SLOs)?

3. Como é que os seus objectivos de SLA diferem dos dos seus concorrentes? Poderá ficar surpreendido com o facto de os SLA não variarem assim tanto.

4. Por que razão foram escolhidos os objectivos de SLA? Os objectivos são frequentemente definidos de forma competitiva ou com base na melhor ou pior capacidade dos produtos subjacentes.

5. Com que frequência violou os seus SLAs nos últimos três meses, seis meses, 12 meses?

6. Publicam abertamente os resultados dos vossos SLA? Com que frequência?

7. Em que métricas de SLA falha mais frequentemente, mesmo que isso não tenha qualquer impacto nos seus clientes?

8. Com que frequência aumenta ou diminui os seus objectivos de SLA e qual tem sido a tendência? Qualquer redução ou remoção de um objetivo pode significar desafios de escalabilidade.

9. Que métricas de SLA foram removidas nos últimos 12 meses?

10. Com que frequência testam os vossos próprios SLAs? Quer mesmo ouvir que as métricas são continuamente testadas.

11. Como é que as reivindicações de SLA são validadas? Como é que sou compensado por uma violação do SLA? O seu fornecedor deveria estar a fazer o trabalho aqui, não a exigir que prove uma falha.

12. Recebo informações pormenorizadas sobre a resposta a incidentes? Isto é necessário para informar completamente a sua organização ou clientes sobre o problema e a solução. Nunca desperdice uma falha; certifique-se de que o seu fornecedor está a identificar a causa principal e a resolvê-la.

13. Utiliza terceiros para monitorizar os seus SLAs? Isto pode fornecer uma validação

adicional da seriedade da medição dos SLA.

14. Os SLAs são relevantes para as áreas que necessitam de alinhamento, como a disponibilidade, o tempo de transação, o armazenamento e o desempenho?

15. Quão transparente é o fornecedor da nuvem na partilha do desempenho do SLA (diária, semanal ou mensal)? É necessária uma ampla visibilidade das situações que podem resultar em violações do SLA.

16. Os SLAs são orientados para os resultados? O seu objetivo é criar valor para os seus clientes; os SLAs devem ajudar.

17. Os SLAs podem ser estreitos ou amplos, simples ou complexos. Verifique com cada fornecedor de serviços na nuvem (CSP) que está a considerar: o que está incluído em cada SLA? Qual deles satisfaz melhor as suas necessidades?

18. O que acontece se os dados se perderem?

Vocabulário de SLA na nuvem

Definição	Descrição
Interface de programação de aplicações (API)	O conjunto de métodos de invocação e parâmetros associados utilizados por um determinado (parte de) serviço em nuvem ou componente de software para solicitar acções e interagir de outra forma com outro serviço em nuvem ou componente de software.
Auditabilidade	A capacidade de apoiar um processo sistemático, independente e documentado de obtenção de provas de auditoria e de as avaliar objetivamente para determinar em que medida os critérios de auditoria são cumpridos,
Disponibilidade	A propriedade de ser acessível e utilizável a pedido de uma entidade autorizada.
Computação em nuvem	Um paradigma para permitir o acesso à rede a um conjunto escalável e elástico de recursos físicos ou virtuais partilháveis com aprovisionamento e administração self-service a pedido,[11] Exemplos de recursos incluem servidores, sistemas operativos, redes, software, aplicações e equipamento de armazenamento.
Infraestrutura de nuvem	A coleção de hardware, software e outros bens e recursos relacionados que permitem o fornecimento de serviços em nuvem.
Serviço de nuvem	Uma ou mais capacidades oferecidas através da computação em nuvem, invocadas através de uma interface definida.
Cliente de serviços em nuvem	Uma parte que se encontra numa relação comercial com o objetivo de utilizar serviços de computação em nuvem, não sendo, para este documento, os consumidores. NOTA - Uma relação de negócios pode não implicar necessariamente acordos financeiros

	ou acordos semelhantes.
Dados de clientes de serviços em nuvem	classe de objectos de dados sob o controlo, por razões legais ou outras, do cliente do serviço de computação em nuvem que foram introduzidos no serviço de computação em nuvem, ou que resultaram do exercício das capacidades do serviço de computação em nuvem por ou em nome do
	cliente do serviço de computação em nuvem através da interface publicada do serviço de computação em nuvem Um exemplo de controlo jurídico são os direitos de autor.
Dados derivados do serviço de nuvem	classe de objectos de dados sob o controlo do fornecedor do serviço de computação em nuvem que são derivados como resultado da interação com o serviço de computação em nuvem pelo cliente do serviço de computação em nuvem Os dados derivados do serviço de computação em nuvem incluem dados de registo que contêm registos de quem utilizou o serviço, a que horas, que funções, tipos de dados envolvidos e assim por diante. Também podem incluir informações sobre o número de utilizadores autorizados e as suas identidades. Também pode incluir qualquer configuração ou dados de personalização, onde o serviço em nuvem tem tais capacidades de configuração e personalização.
Objetivo de nível de serviço (SLO) da nuvem	Objetivo para um determinado atributo de um serviço de computação em nuvem que pode ser expresso quantitativa ou qualitativamente.
Fornecedor de serviços em nuvem (CSP)	Uma parte que disponibiliza serviços em nuvem.
Dados do fornecedor de serviços em nuvem	classe de objectos de dados, específicos para o funcionamento do serviço de computação em nuvem, sob o controlo do fornecedor do serviço de computação em nuvem Os dados do fornecedor de serviços de computação em nuvem incluem, mas não se limitam a, informações sobre a configuração e a utilização dos recursos, máquina virtual específica do serviço de computação em nuvem, alocações de recursos de armazenamento e de rede, configuração e utilização geral do centro de dados, taxas de falha de recursos físicos e virtuais, custos operacionais, etc.
Utilizador de serviços em nuvem	pessoa singular, ou entidade que actue em seu nome, associada a um cliente de serviços de computação em nuvem que utilize serviços de computação em nuvem Exemplos de tais entidades incluem dispositivos e aplicações.
Ciclo de vida do SLA na nuvem	Ciclo de vida dos acordos de nível de serviço, ou seja, avaliação, negociação, contratação, operação, alteração, escalonamento e rescisão, e outras disposições e questões.
SLAs de nuvem	Acordo documentado entre o fornecedor de serviços de computação em nuvem e o cliente do serviço de computação em nuvem que identifica os serviços e os objectivos de nível de serviço de computação em nuvem (SLOs).
Gestão de chaves	A gestão de chaves é a gestão de chaves criptográficas num criptossistema. Inclui a

criptográficas	geração, a troca, o armazenamento, a utilização e a substituição de chaves, bem como o protocolo criptográfico. Inclui a conceção do protocolo criptográfico, os servidores de chaves, os procedimentos do utilizador e outros protocolos relevantes[12] .
Dados	Dados de qualquer forma, natureza ou estrutura, que podem ser criados, carregados, inseridos, recolhidos ou derivados de ou com serviços em nuvem e/ou nuvem
	informática, incluindo, sem limitação, dados proprietários e não proprietários, dados confidenciais e não confidenciais, dados não pessoais e pessoais, bem como outros dados legíveis por humanos ou máquinas.
Controlador de dados	A pessoa singular ou colectiva, a autoridade pública, a agência ou qualquer outro organismo que, individualmente ou em conjunto com outros, determine as finalidades e os meios de tratamento de dados pessoais.
Formato de dados	Um ou mais formatos em que os dados se encontram numa ou mais fases do seu ciclo de vida.
Integridade dos dados	A propriedade de proteger a exatidão e a integridade dos activos.
Intervenção dos dados	A capacidade de um fornecedor de serviços de computação em nuvem para apoiar o cliente do serviço de computação em nuvem na facilitação do exercício dos direitos dos titulares dos dados. Nota: Os direitos das pessoas em causa incluem, sem limitação, o acesso, a retificação e o apagamento dos dados pessoais das pessoas em causa. Incluem também a objeção ao tratamento dos dados pessoais quando este não é efectuado em conformidade com os requisitos legais aplicáveis.
Ciclo de vida dos dados	O tratamento de dados que normalmente inclui seis (6) fases, (1) criar/derivar, (2) armazenar, (3) utilizar/processar, (4) partilhar, (5) arquivar, (6) destruir.[13]
Localização dos dados	A(s) localização(ões) geográfica(s) onde os dados pessoais podem ser armazenados ou de outra forma tratados pelo fornecedor de serviços de computação em nuvem.
Portabilidade dos dados	Capacidade de transferir facilmente dados de um sistema para outro sem ter de voltar a introduzir dados,
Processador de dados	Uma pessoa singular ou colectiva, autoridade pública, agência ou qualquer outro organismo que trate os dados pessoais por conta do responsável pelo tratamento de dados.
Proteção de dados	O recurso a medidas técnicas, organizativas e jurídicas para atingir os objectivos de segurança dos dados (confidencialidade, integridade e disponibilidade), transparência, possibilidade de intervenção e portabilidade, bem como o cumprimento do quadro jurídico aplicável.
Titular dos dados	Uma pessoa singular identificada ou identificável, sendo uma pessoa identificável, é aquela que pode ser identificada, direta ou indiretamente, em particular por referência a um número de identificação ou a um ou mais factores específicos da sua identidade física, fisiológica, mental, económica, cultural ou social.
Nuvem híbrida	Modelo de implantação da computação em nuvem utilizando pelo menos dois modelos

	diferentes de implantação de nuvem.
garantia de identidade	A capacidade de uma parte confiável determinar, com algum nível de certeza, que uma reivindicação de uma determinada identidade feita por alguma entidade pode ser confiável para ser realmente a identidade verdadeira, precisa e correta do requerente.
notificação de incidentes e transparência	Notificações e transparência sobre incidentes no âmbito do SLA que possam ser exigidas por (a) leis e legislação obrigatórias (como as da UE
REST	A transferência de estado representacional (REST) é um estilo de arquitetura de software que consiste num conjunto coordenado de restrições arquitectónicas aplicadas a componentes, conectores e elementos de dados, num sistema hipermédia distribuído.
Reversibilidade	Processo para os clientes de serviços de computação em nuvem recuperarem os seus dados de clientes de serviços de computação em nuvem e artefactos de aplicações e para o fornecedor de serviços de computação em nuvem apagar todos os dados de clientes de serviços de computação em nuvem, bem como os dados derivados de serviços de computação em nuvem especificados contratualmente, após um período acordado,
Dados sensíveis	Quaisquer informações ou dados classificados, pessoais, proprietários ou confidenciais de qualquer forma, natureza ou estrutura, que possam ser criados, carregados, inseridos, recolhidos ou derivados de ou com serviços em nuvem e/ou computação em nuvem cujo acesso, utilização, divulgação ou processamento esteja sujeito a restrições, quer pela lei aplicável, quer por contacto.[14]
Software como serviço (SaaS)	A capacidade fornecida ao cliente do serviço de computação em nuvem consiste em utilizar as aplicações do fornecedor do serviço de computação em nuvem executadas numa infraestrutura de computação em nuvem. As aplicações são acessíveis a partir de vários dispositivos clientes através de uma interface de cliente simples, como um navegador Web (por exemplo, correio eletrónico baseado na Web), ou de uma interface de programa. O cliente do serviço de computação em nuvem não gere nem controla a infraestrutura de computação em nuvem subjacente, incluindo a rede, os servidores, os sistemas operativos, o armazenamento ou mesmo as capacidades individuais das aplicações, com a possível exceção de definições limitadas de configuração de aplicações específicas do utilizador.
Dados temporários	Dados ou um conjunto de dados que são criados durante o funcionamento do serviço de nuvem e que ficam inutilizados após um período de tempo predefinido.
Vulnerabilidade	Um ponto fraco de um ativo ou grupo de activos, por exemplo, relacionado com software ou hardware, que pode ser explorado por uma ou mais ameaças.
xaaS	Termo coletivo de componentes diversos mas reutilizáveis, incluindo, entre outros, infra-estruturas, plataformas, dados, software, middleware, hardware ou outros bens, disponibilizados como um serviço com algum tipo de utilização da computação em nuvem.

Referências

[1]   Andrieux, A., Czajkowski, K., Dan, A., Keahey, K., Ludwig, H., Nakata, T., Pruyne, J., Rofrano, J., Tuecke, S., & Xu, M. (2007). Especificação de Acordo de Serviços Web (WSAgreement). Recomendação proposta pelo OGF (GFD.107).

[2]   *Acordo de nível de serviço* do AWS *EC2*. Recuperado em 28 de março de 2010, de AWS: http://aws.amazon.com/ec2-sla/

[3]   *Acordo de nível de serviço* do AWS S3. Recuperado em 28 de março de 2010, de AWS: http://aws.amazon.com/s3-sla/

[4]   Battre", D., Hovestadt, M., Kao, O., Keller, A., & Voss, K. (2007). Planning-based scheduling for SLA- awareness and grid integration. *PlanSIG*, (pp. 1).

[5]   Blythe, J., Deelman, E., & Gil, Y. (2004). Fluxos de trabalho compostos automaticamente para ambientes de grelha. *IEEE Intelligent Systems*, (pp. 16-23).

[6]   Bonell, M. (1996). Os princípios do UNIDROIT sobre os contratos comerciais internacionais e os princípios do direito europeu dos contratos: Regras semelhantes para o mesmo objetivo. *Uniform Law Review*, (pp. 229-246).

[7]   Boniface, M., Phillips, S., Sanchez-Macian, A., & Surridge, M. (2009). Provisionamento dinâmico de serviços usando GRIA SLAs. *Workshops de Computação Orientada a Serviços-ICSOC 2007*, (pp. 56-67). Viena, Áustria.

[8]   Conselho de clientes de padrões de nuvem (2013). *Contratos de serviço de nuvem pública: O que esperar e o que negociar* http://cloud-council.org/resource-hub.htm#migrating-applications-to-public-cloud-services

[9]   Conselho de clientes de padrões de nuvem (2014). *Guia prático para a computação em nuvem, versão 2.0.*

http://cloud-council.org/resource-hub.htm#practical-guide-cloud-computing-v2

[10]   Conselho de clientes de normas de computação em nuvem (2015). *Segurança para computação em nuvem: 10 passos para garantir o sucesso,*

Versão 2.0. http://cloud-council.org/resource-hub.htm#security-for-cloud-computing-10-steps-to-ensure- success

[11]   ISO/IEC   17789:   Arquitetura   de   referência   para   a   computação   em   nuvem http://www.iso.org/iso/catalogue_detail?csnumber=60545

[12]   Amazon. https://www.amazon.com, 2011. [Em linha; acedido em agosto de 2011].

[13]   Amazon EC2. https://aws.amazon.com/ec2/, 2011. [Em linha; acedido em agosto de 2011].

[14]   Amazon EC2 Reserved Instances.https://aws.amazon.com/ec2/reserved-instances/, 2011. [Online;acedido em agosto de 2011].

[15]   SLA do Amazon EC2. https://aws.amazon.com/ec2-sla/, 2011. [Online; acedido em agosto de 2011].

[16]   Amazon S3. https://aws.amazon.com/s3/, 2011. [Em linha; acedido em agosto de 2011].

[17]   Amazon S3 SLA. https://aws.amazon.com/s3-sla/, 2011. [Em linha; acedido em agosto de 2011].

[18]   . Wikipedia, http://en.wikipedia.org/wiki /Cloud_Computning

[19]   . Rafael Moreno-Vozmediano,Rubén S. Montero, Ignacio M. Llorente," Key Challenges in Cloud Computing - Enabling *the Future Internet of Services*", Publicado pela IEEE Computer Society 1089-7801/13/ © 2013 IEEE, IEEE

internet computing

[20]   . M.Rajendra Prasad, R. Lakshman Naik, V.Bapuji," Cloud Computing : Research Issues and Implications", Revista Internacional de Computação em Nuvem e Ciência dos Serviços (IJ-CLOSER)

Vol.2, No.2, April 2013, pp. 134~140 ISSN: 2089-3337.

[21]   . Francesco M.A e Gianni F. "An approach to a cloud Computing network", IEEE, agosto de 2008, pp113-118.

[22]   . Huaglory Tianfield, "Cloud Computing Architectures", 978-1-4577-0653-0/11/©2011 IEEE.

[23]   . S. V. Kavitha, "A survey on security issues in service delivery models of cloud computing" (Um estudo sobre questões de segurança em modelos de prestação de serviços de computação em nuvem), Journal of Network and Computer Applications, Elsevier, vol. 34, (2011), pp. 1-11.

[24]   . P. Adams, "Advantages and Disadvantages Of Cloud Computing System", Advantages And Disadvantages Of Cloud Computing System, (2011) novembro 18.

[25]   Gartner Group, "Cio-priorit "aten und budgets 2011." [Online]. Disponível: http://www.cio.de/strategien/analysen/2262709/ [atualizado em: junho de 2013].

[26]   Grupo de Trabalho de Gestão Distribuída, "Architecture for managing clouds". [Online]. Disponível: http://dmtf.org [consultado em: junho de 2013].

[27]   Grupo de estudo ISO/IEC SC 38, "Jtc 1/sc 38 study group report on cloud computing", Organização Internacional de Normalização, Tech. Rep., 2011. [Online]. Disponível: http://isotc.iso.org [atualizado em: junho de 2013].

[28]   A. Keller e H. Ludwig, "The wsla framework: Specifying and monitoring service level agreements for web services," Journal of Network and Systems Management, vol. 11, no. 1, pp. 57-81, Mar. 2003.

[29]   F. Liu, J. Tong, J. Mao, R. Bohn, J. Messina, L. Badger e D. Leaf, "Nist cloud computing reference architecture", publicação especial do NIST, vol. 500, p. 292, 2011.

[30]   J. Happe, W. Theilmann, A. Edmonds e K. Kearney, Service Level Agreements for Cloud Computing (Acordos de nível de serviço para computação em nuvem). Springer-Verlag, 2011, cap. A Reference Architecture for Multi-Level SLA Management, pp. 13-26.

[31]   H. Ludwig, A. Keller, A. Dan, R. P. King, e R. Franck, "Web Service Level Agreement (WSLA) Language Specification, v1.0," Jan. 2003.   [Online].   Disponível:

http://www.research.ibm.com/wsla/WSLASpecV1-20030128.pdf [revistos: maio de 2013].

[32]   K. T. Kearney, F. Torelli, e C. Kotsokalis, "Sla*: Uma sintaxe abstrata para acordos de nível de serviço", 11.ª Conferência Internacional IEEE/ACM sobre Computação em Grelha, pp. 217-224, 2011.

[33]   SLA@SOI. SLA@SOI projekt website. http://sla-at-soi.eu/. [atualizado em: junho de 2013].

[34]   MIRROR-42, "Biblioteca Kpi". [Online]. Disponível: http://mirror42.com [consultado em: junho de 2013].

[35]   W. Sun, Y. Xu, e F. Liu, "The role of xml in service level agreements management," in Services Systems and Services Management, 2005. Actas da ICSSSM '05. 2005 International Conference on, vol. 2, 2005, pp. 1118-1120.

[36]   Security Guidance for Critical Areas of Focus in Cloud Computing, https:// downloads.cloudsecurity alliance.org/initiatives/guidance/csaguide.v3.0.pdf.

[37]   Marco Comuzzia, Constantinos Kotsokalisb, George Spanoudakisa,Ramin Yahyapour. Establishing and Monitoring SLAs in complex Service Based Systems, Conferência Internacional do IEEE sobre Serviços Web, 2009:

783-790.

[38]   FENG Deng-guo, ZHANG Min, ZHANG Yan, et al.Study on Cloud Computing Security [J] .Journal of Software, 2011, 22(1) : 71-83.

[39]   WANG Lin-song, LIU De-shan, GUO Jin. Projeto da arquitetura de segurança da nuvem pública [J]. Jornal da Universidade de Jilin (Edição de Ciência da Informação), 2013, 31 (2):166-169

[40]   Fu Yingxun,Luo Shengmei,Shu Jiwu. Survery of Secure Cloud Storage System and Key Technologies [J]. Journal of Computer Research and Development, 2013, 50 (1):136-145

[41]   Xu Yingying, GaoFei,Shang Fengying.New Cloud Security solutions and its key technologies . Huazhong Univ.of Sci.&Tech. (Natural Science Edition),2012,40(Z1): 74-78

[42]   Marston, S., Li, Z., Bandyopadhyay, S., Zhang, J., & Ghalsasi, A. (2011). Cloud computing-The business perspective. Decision Support Systems, 51(1), 176-189.

[43]   Armbrust, M., Fox, A., Griffith, R., Joseph, A. D., Katz, R., Konwinski, A., & Zaharia, M. (2010). Uma visão da computação em nuvem. Communications of the ACM, 53(4), 50-58.

[44]   Motta, G., You, L., Sacco, D., & Sfondrini, N. (2013, maio). Computação em nuvem: a questão da qualidade do serviço: uma visão geral das arquiteturas de gerenciamento de nível de serviço em nuvem. Em Ciência e Inovação de Serviços (ICSSI), 2013 Quinta Conferência Internacional sobre (pp. 230-233). IEEE.

[45]   Garg, S. K., Versteeg, S., & Buyya, R. (2013). Uma estrutura para classificação de serviços de computação em nuvem. Future Generation Computer Systems, 29(4), 1012-1023.

[46]   Lee, S. Y., Tang, D., Chen, T., & Chu, W. C. (2012, julho). Um modelo de middleware de garantia de QoS para computação em nuvem empresarial. Em Workshops da Conferência de Software e Aplicações de Computadores (COMPSACW), 2012 IEEE 36th Annual (pp. 322-327). IEEE.

[47]   Zhu, F., Li, H., & Lu, J. (2012, maio). Uma estrutura de acordo de nível de serviço de computação em nuvem baseada no modelo Cloud Bank. Em Ciência da Computação e Engenharia de Automação (CSAE), 2012 IEEE International Conference on (Vol. 1, pp. 255-259). IEEE.

[48]   P. Mell e T. Grance, "The NIST Definition of Cloud Computing", http://csrc.nist.gov/publications/nistpubs/800-145/SP800-145.pdf, (2011) setembro.

[49]   R. Buyya, C. H. Yeo, S. Venugopal, J. Broberg e I. Brandic, "Cloud computing and emerging IT platforms, Vision, hype, and reality for delivering computing as the 5th utility", Future Generation Computer Systems, http://www.buyya.com/papers/Cloud-FGCS2009.pdf, (2009) junho.

[50]   C. S. Yeo DeAssuncao MD, Y. J. Sulistio, A. Venugopal, S. Placek e M. Buyya, "Utility computing on Global Grids", http://www.buyya.com/papers/HandbookCN_Utility_Grids.pdf, (2006).

[51]   "Sun Microsystems, Service Level Agreement in the Data Center", (2010) março. http://www.sun.com/blueprints

[52]   L. Wu e R. Buyya, "Service Level Agreement (SLA) in Utility Computing Systems", The University of Melbourne. Austrália. http://arxiv.org/ftp/arxiv/papers/1010/1010.2881.pdf.

[53]   E. Marilly, O. Martinot, S. Betgé-Brezetz e G. Delègue, "Requirements for Service Level Agreement Management",França,   http://www-

rp.lip6.fr/adanets/PublicDoc/Papers/IPOM2002_SLA_corrected_modifencoursv2.pdf.

[54]   M. Alhamad, T. Dillon e E. Chang, "Conceptual SLA Framework for Cloud Computing", Austrália, http://ieeexplore.ieee.org/xpl/login.jsp?tp=&arnumber=5610586&url=http%3A%2F%2Fieeexplore.iee e.org%2Fxpls%2Fabs_all.jsp%3Farnumber%3D5610586.

[55]   A. Sahai, S. Graupner, V. Machiraju e V. Moorsel, "Specifying and Monitoring Guarantees in Commercial Grids through SLA", http://www.hpl.hp.com/techreports/2002/HPL-2002-324.pdf.

[56]   A. Keller e H. Ludwig, "The WSLA Framework: Specifying and Monitoring Service Level Agreements for Web Services", http://clip.dia.fi.upm.es/Projects/S-CUBE/papers/keller03:wsla_framework.pdf, **(2003)**.

[57]   P.   Allen,   "Nível de serviço   Nível   Service Level Agreements",   , http://www.cbdiforum.com/report_summary.php3?page=/secure/interact/2006- 12/service_level_agreements.php&area=silverH, **(2003)** .

[58]   P. Bianco, G. A. Lewis e P. Merson, "Service Level Agreements in Service-Oriented Architecture Environments", http://www.sei.cmu.edu/reports/08tn021.pdf, **(2008)** setembro.

[59]   "SLA   Management   Handbook,   Concepts   and   Principles,   TeleManagement   Forum", http://www.afutt.org/Qostic/qostic1/SLA-DI-USG-TMF-060091-SLA_TMForum.pdf, vol. 2, **(2005)**.

[60]   A.   Pichot,   "Dynamic   SLA-negotiation   based   on   WS   Agreement", http://cui.unige.ch/~dimarzo/courses/services/Lecture6.pdf, **(2008)**.

[61]   P. Rubach e M. Sobolewski, "Dynamic SLA Negotiation in Autonomic Federated Environments", http://sorcersoft.pl/publications/papers/2009/OTM-2009.pdf, **(2009)**.

[62]   Cloud Security Alliance. (2014). *Registo de Segurança, Confiança e Garantia da CSA*. Obtido de https://cloudsecurityalliance.org/star/#_overview

[63]   Conselho de clientes de padrões de nuvem. (2012). *Guia Prático para Acordos de Nível de Serviço de Nuvem Versão*

1.0. Obtido em http://www.cloud-council.org/2012_Practical_Guide_to_Cloud_SLAs.pdf

[64]   Comité de Comércio, Ciência e Transportes do Senado dos EUA. (2014). *Uma análise da cadeia de morte do 2013TargetDataBreach*   .   Retrievedfrom http://www.commerce.senate.gov/public/?a=Files.Serve&File_id=24d3c229-4f2f-405d-b8dba3a67f183883

[65]   ENISA. (2012). *Benefícios, riscos e recomendações para a segurança da informação*. Obtido de http://www.enisa.europa.eu/events/speak/cloud.jpg/view

[66]   Comissão Europeia. (2014). *Orientações para a normalização dos acordos de nível de serviço na nuvem*. Recuperar de http://ec.europa.eu/digital-agenda/en/news/cloud-service-level-agreement-standardisationguidelines

[67]   Grance, Timothy e Jansen, Wayne J. (2011). *NIST SP800-144: Diretrizes sobre segurança e privacidade na computação em nuvem pública*. Retirado de http://www.nist.gov/customcf/get_pdf.cfm?pub_id=909494

[68]   Hale, Matthew & Gamble, Rose. (2012). *Propagação de riscos de SLAs de segurança na nuvem*. Retrieved from http://ieeexplore.ieee.org/xpl/login.jsp?tp=&arnumber=6477665&url=http%3A%2F%2Fieeexplore.ieee.org%2F iel7%2F6470041%2F6477486%2F06477665.pdf%3Farnumber%3D6477665

[69]   Henning, Ronda. (1999). *Acordos de Nível de Serviço de Segurança: Quantifiable Security for the Enterprise?*

Obtido em http://www.nspw.org/papers/1999/nspw1999-henning.pdf

[70]   Hogben, G. & Dekker, M. (2012). *Procure Secure: Um guia para a monitorização dos níveis de serviço de segurança em contratos de nuvem. Relatório técnico, Agência Europeia para a Segurança das Redes e da Informação* (ENISA). Obtido em http://www.enisa.europa.eu/activities/Resilience-and-CIIP/cloudcomputing/ procure-secure-a-guide-to- monitoring-of-security-service-levels-in-cloud-contracts

[71]   ISO. (2013). *Tecnologia da informação - Técnicas de segurança - Sistemas de gestão da segurança da informação - Requisitos.* Obtido em http://www.iso.org/iso/catalogue_detail?csnumber=54534

[72]   Krutz, Ronald L. & Vines, Russell Dean. (2010). *Segurança na nuvem: A Comprehensive Guide to Secure Cloud Computing.* Wiley Publishing: Indianapolis, IN.

[73]   Butler, Brandon. (2012). *Nove controlos de segurança a procurar nos contratos de nuvem.* NetworkWorld. Recuperado de   http://www.networkworld.com/article/2161443/cloud-computing/nine-security-controls-tolook-for-in-

cloud-contracts.html

[74]   Brodkin, J. (2008). *Gartner: Sete riscos de segurança da computação em nuvem.* Infoworld. Recuperado de

http://www.infoworld.com/article/2652198/security/gartner--seven-cloud-computing-securityrisks.

Html

[75]   Chartered Institute of Purchasing and Supply. (2009). *Como preparar Acordos de Nível de Serviço.* Obtido de

http://www.cips.org/Documents/Resources/Knowledge%20How%20To/How%20to%20prepare%20Service%2
0Level%20Agreements.pdf?bcsi_scan_3F31264ACB0CFD71=hHhIS/

Acrónimos

A

API-interface de programação de aplicações PUA -Política de utilização aceitável

B

BIA - Análise do impacto nas empresas

C

CSCC - Conselho de Clientes de Normas da Nuvem

CSLA - Acordo de Nível de Serviço de Nuvem

CSP - fornecedor de serviços na nuvem

CSF - factores críticos de sucesso

CSA - Contrato de serviço de nuvem

D

DMTF -Tarefa de Gestão Distribuída

Força

E

EEE - Espaço Económico Europeu

EBS - Armazenamento de Blocos Elásticos

G

GAR -Grid ARchive

H

HVAC - aquecimento, ventilação e ar condicionado

I

IaaS- infraestrutura como serviço

IDE - ambiente de desenvolvimento integrado

IBM -International Business Machines

IDS - Sistemas de deteção de intrusão

J

JVM- Máquinas virtuais Java

NPM- métricas de desempenho da rede NOC- Centro de Operações de Rede

O

OLA - Acordos a nível operacional

IOPS - Entradas / Saídas por segundo

OVF - Formato de virtualização aberto

P

PaaS- plataforma como serviço

PII - informações de identificação pessoal

Q

QoS- Qualidade de serviço

QoP - Qualidade da proteção

R

REST - Transferência do estado de representação RPO - Objetivo do ponto de recuperação RTO - Objetivo do tempo de recuperação

RFP - Pedido de Proposta

S

aaS- software-as-a-service

SLA - acordo de nível de serviço

SP -Provedor de serviços

SLM - gestão do nível de serviço SDK - kit de desenvolvimento de software SLO - objectivos do nível de serviço

SQP - Plano de Qualidade do Serviço

SOC - centro de operações de segurança

T

TMF-Fórum de Gestão de Telecomunicações

V

VM-Máquina virtual

VPN-Rede Privada Virtual

W

WAR - Arquivo de aplicações Web

K

KPI - Indicador-chave de desempenho

M

MSA - Contrato de Serviço Principal

MTO - Interrupção Máxima Tolerável

N

I want morebooks!

Buy your books fast and straightforward online - at one of world's fastest growing online book stores! Environmentally sound due to Print-on-Demand technologies.

Buy your books online at
www.morebooks.shop

Compre os seus livros mais rápido e diretamente na internet, em uma das livrarias on-line com o maior crescimento no mundo! Produção que protege o meio ambiente através das tecnologias de impressão sob demanda.

Compre os seus livros on-line em
www.morebooks.shop

Printed by Books on Demand GmbH, Norderstedt / Germany